認知症の人と
ともに歩む

グループホームケアの
理念と実践

編著　林崎 光弘・小野寺 英・矢吹 知之

中央法規

はじめに

「グループホームはどんなところで、何をしてくれるのですか?」。おそらく本書をお読みになっている方は、幾度となく尋ねられてきたことでしょう。その返答内容は、時間の経過とともに変化していったかもしれません。

グループホームに限らず、介護施設の運営に携わる以上、施設種別の特徴や、自らの施設の強みを表現することは大切です。すべての施設において、理念が掲げられているはずです。理念に基づいた実践は、さまざまな経験を積んでいくことで、より洗練されていくでしょう。根幹の部分は大きく変わらないはずです。グループホームは、認知症の人の専門施設です。しかし、「認知症」そのものに対してケアを行うのではありません。認知症がゆえに生活に支障をきたしている状態の人をケアしているのです。そのことを忘れてはいけません。そのために私たちは、知識や認識をアップデートし続ける必要があります。

グループホームケアを行っていくうえで、その人ができること・できないことを見極めることが大切だといわれています。グループホームでは「役割の創出」が行われていますが、できないことをやらされるのは、負担でしかありません。

さらに、その人はやりたいという気持ちになっているでしょうか。やりたくないけれど、頼まれることで仕方なくやっている、促されてやっている…。そうしたことになっていないかを考える必要があるのです。また、暮らしのなかでは、スタッフとの関係性だけでなく、入居者同士の関係性も生まれてきます。

そのあたりのことも含めたグループホームケアのあり方を改めて振り返っていただきたいと思います。

　私たちはケアの過程のなかで、「このケアは失敗だった」と気づくことがあるでしょう。そうした失敗を重ねるなかで工夫をこらし、成功につなげていくことが私たちの仕事です。

　ここで、一つ例にとってお話します。認知症が重度になり、身体的にも自力で食事を摂れない方は、皆さんの施設にもいらっしゃるかと思います。いわゆる「全介助」の方を想像してみてください。そのような方がまったく口を開いてくれなかったら、皆さんはどのように対応するでしょうか。

　函館あいの里では、「全介助」の方の食事時に、箸やスプーンを握ってもらうことがあります。何か意味があるのかと疑問に思う方もいるかもしれません。ここで必要な視点は、今までその人が積み上げてきた経験です。「全介助」といっても、そこに至った原因はさまざまです。手の拘縮や麻痺のために、自ら箸を握れず、介助を受けている人がいます。そのうえ、認知症の重度化により、食事という行為の必要性がわからなくなっている人もいるでしょう。

　身体的な障害のみが原因であれば、食事の意味を認識でき、空腹感があれば介助を受けながら、食事という行為が完遂されます。しかし、食事の意味合いを理解できていないとするとどうでしょうか。「ご飯ですよ」と話しかけても、口を開けてくれないかもしれません。視覚や嗅覚に訴えかけても、食事をするという認識につながらないかもしれません。

　それでも、箸を握ってもらうことを行ってみました。日本人であれば、物心がついた頃から食事の際には箸を扱っていたはずです。食事そのものに視覚

的に訴えるのではなく、視覚的・触覚的に箸を感じてもらうことで、「これから食事が始まる」ということを。本人に蓄積された経験に訴えかけたのです。

　この方法で、口を開けやすくなった方がいました。もちろん、全員に通じるわけではないのも事実です。しかし、全員に通じなくとも、その人一人に通じればよいのではないでしょうか。ケアする側は、こうした経験を積み上げることによって、次なるケアにつながっていきます。

　私たちがグループホームでケアをする入居者は、一人の大人としてさまざまな経験を積み、社会的な役割をこなしてきた方たちです。その方たちは、私たちの年頃を経験しているから、おそらく私たちの気持ちはわかるでしょう。

　しかし、私たちは入居者の方たちの年齢まで達していません。入居者から見れば、「私の気持ちはあなたたちにはわかるはずがない」と思っているかもしれません。そこに気づけるか否かが肝要であり、ここをおろそかにすると、「慣れ」という感覚に置き換えられてしまうのです。

　本書は、現在のグループホームが担うべき役割や認知症の理解、社会とのつながりの構築などをケアに結び付けるための方法論などを網羅しています。同時にグループホームの歴史を紐解きながら、皆様がグループホームの開設に至った当時や介護を職業として選んだ際に抱いていた初心を思い出してもらえたら、執筆者一同このうえない喜びとなります。

2025年4月

林崎光弘

Contents

はじめに

第1部　グループホームケアの原点と基本の考え方 … 11

第1章　なぜグループホームは生まれたのか … 12

1　グループホームと認知症ケア … 12
- 1　グループホーム以前のケアなき時代 … 12
- 2　グループホーム誕生の背景 … 16
- 3　モデルとなった取り組み　―北欧のグループホームケア … 19
- 4　グループホームの定員はなぜ9名なのか … 21
- 5　従来の施設との違い … 23

2　先駆者の足跡〜函館あいの里〜 … 26
- 1　精神科病院で見てきたこと … 26
- 2　大規模施設で感じた限界 … 29
- 3　グループホームケアとの出会い … 30
- 4　日本版グループホームの誕生に向けて … 31
- 5　求められるグループホーム像 … 38
- 6　函館あいの里の誕生 … 40

3　グループホームで求められる実践 … 43
- 1　グループホームで求められる具体的なケア … 43
- 2　地域とともに暮らす … 45
- 3　緩和ケアの4つの土台 … 46
- 4　終の棲家を目指す … 47

第2章　グループホームケアの基礎と展開 … 48

1　グループホームケアとは何か … 48
- 1　なぜ理念が大切なのか
  〜失われた役割、奪われた「わたしらしさ」〜 … 48
- 2　当たり前を実現するケア … 49

- 3 生活を支えるグループホーム･････････････････････････････49
- 4 ケアスタッフの使命････････････････････････････････････50
- 5 グループホームケアの基本理念･･････････････････････････51

2 グループホームケアの原則･･････････････････････････････54
- 1 ゆったりした雰囲気をつくること･･･････････････････････54
- 2 支持的なかかわりを心がけること･･･････････････････････54
- 3 「ケアする−される」から「ともにあるケア」へ･････････55
- 4 残された力を活かす････････････････････････････････････56
- 5 なじみの環境をつくること････････････････････････････57
- 6 生活場面を活用すること･･････････････････････････････57
- 7 「適度さ」を知り、「良い加減」を探ること････････････58

3 ケアをつくるための基本的な理解････････････････････････59
- 1 その人を知る･･59
- 2 その人のホームとなるためのアプローチ････････････････61

4 代表的な認知症の理解････････････････････････････････････64
- 1 アルツハイマー型認知症･･････････････････････････････64
- 2 レビー小体型認知症･･････････････････････････････････67
- 3 前頭側頭型認知症････････････････････････････････････69
- 4 血管性認知症･･70

5 認知症の人とのコミュニケーションの基本･･････････････71
- 1 認知症の人との出会い････････････････････････････････71
- 2 まずは見える位置と距離へ････････････････････････････71
- 3 ともにある姿勢･･････････････････････････････････････73
- 4 触れること･･73
- 5 伝え合うこと･･74
- 6 尊重すること、称賛すること、ともに悲しむこと･･････76

6 グループホームで行うこと･････････････････････････････78
- 1 中核症状へのケア････････････････････････････････････78
- 2 生活を再びつくるケア････････････････････････････････82
- 3 役割をつくること････････････････････････････････････85
- 4 社会交流を再び･･････････････････････････････････････88

5	趣味活動をつくる	89
6	セレモニー行為をつくる	91
7	エレガンス行為をつくる	92
8	リラクゼーションをつくる	94
9	生き物との触れ合いをつくる	96
10	物理的・人的な環境をつくる	97

第3章　日々の暮らしとグループホームケア ……100

1　生活リズムの調整と把握 …… 100

2　食事のケア …… 106

3　排泄のケア …… 110

4　身だしなみ・清潔のケア …… 114

5　入浴のケア …… 118

6　睡眠のケア …… 122

7　夜間のケア …… 126

8　認知症の人の心理的なケア …… 130

1	妄想（もの盗られ妄想、被害妄想）	130
2	意欲低下	133
3	介護拒否	136
4	帰宅欲求	138
5	昼夜逆転	140
6	他人の部屋から何かを盗ってしまう	143
7	ものを集める	144

9　看取り介護 …… 146

第2部　グループホームの可能性とこれから……155

第4章　グループホームにおける人材育成……156
1　理念を共有化する……156
2　新人教育の方法……160
3　OJTとスタッフミーティング……164
4　ストレスマネジメント、モチベーション向上……168
5　法定研修の組み立て方……171
6　外国人介護人材の活用と育成……177
7　運営推進会議の進め方……182

第5章　地域の社会資源としてのグループホーム……186
1　地域におけるグループホームの役割……186
2　認知症カフェの取り組み……190
3　認知症サポーター養成、チームオレンジ……195
4　まちづくりへの参画……199
5　BCPによる自然災害や感染症への対応……203
6　認知症伴走型支援事業……209
7　今後のグループホームはどこに進めばよいか……213

第1部
グループホームケアの原点と基本の考え方

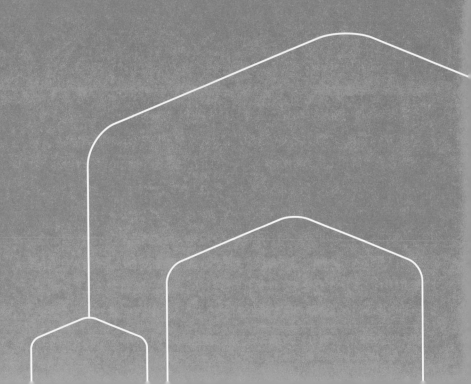

第1章 なぜグループホームは生まれたのか

1 グループホームと認知症ケア

1 グループホーム以前のケアなき時代

　「この国には2つの不幸『この病を受けたるの不幸』『この国に生まれたるの不幸』(注) がある」。日本の精神医学の基礎を築いた呉秀三（1865~1932）が精神障害者の生活実態調査の結果をまとめた報告書『精神病者私宅監置ノ実況及ビ其統計的観察』（1918）で書かれた文章の一部です。「病」とは、精神障害のことで、当時は認知症も精神障害の一つとして考えられていました。認知症になることは不幸であり、日本に生まれたことを悔いなければならないほどにひどい扱いを受けていたことを物語っています。

　呉は、1910~1916年にかけて精神障害者の私宅監置の状況を調査していました。私宅監置とは、自宅内や敷地内に部屋や小屋を設け、精神障害のある家族を隔離・監禁することで、家族に保護する義務を負わせることが法律で定められていたのです。とても恐ろしいことですが、1900年に施行された「精神病者監護法」で定められており、1950年に精神衛生法が制定されるまで続きます。この時代は、病院よりも私宅監護の人数のほうが多く、その背景には、精神科の医師不足、医療機関不足、精神医療の遅れなどがありました。

　当然ですが、認知症という言葉はなく、精神疾患に該当する人は、認知症も含め、「癲狂（テンキョウ）」「痴狂（チキョウ）」、高齢者であれば「老人狂」「老耄（ロウモウ）」等の言葉が使われていました。呉は、海外で使用されていた精神疾患の新たな分類の日本語訳を行ううえで、これまで日本で使われてきた

（注）正式には「我が国何十万の精神病者は、実にこの病を受けたる不幸の他に、この国に生まれたる不幸を重ぬるものというべし」（呉秀三, 樫田五郎著. 精神病者私宅監置ノ実況及ビ其統計的観察：(1918)）

言葉を避け、「痴呆」という言葉を用いました。

ただし、このときの「痴呆」は現在の概念とは異なるもので、統合失調症や緊張病などを「早発痴呆」と定義しました（岡田）。また、高齢者の場合は「老耄性痴呆」、梅毒が原因の場合は「麻痺性痴呆」、血管性疾患の場合は「脳病ノ精神病」という分類がなされていたようです（呉秀三：「精神病ノ名義ニ就キテ」藝備医事 157；137 - 140,1909 年）。もちろん、この当時は若年性認知症という概念はありませんでした。

この時代は、認知症はあくまで精神疾患として考えられており、対応としては、ケアではなく隔離・監禁だったのです。社会の認識として、認知症をはじめとする精神疾患をもつ人は、危害をもたらす存在であり、公安（公共の安全）のために、収容しておかなければならないと考えられていました。背景には、当時の人権意識の欠如もさることながら、認知症とは何かがわからないという時代背景があったこともたしかです。

病院だけが居場所の時代

第二次世界大戦後の1950年、わが国で「精神衛生法」が制定されたことで、私宅監置は廃止されました。この法以降、徐々に隔離よりも治療に重きが置かれるようになっていきます。

精神科病院の設置が進むと、精神疾患を患う人や認知症の人の行動をいかに抑えるか、という観点から身体拘束が行われ、同時に、鎮静剤等の治療薬の開発に力が注がれるようになります。

この頃、日本は戦後の復興から徐々に高度経済成長期に入ろうとしています。そして、戦後5％に満たなかった高齢化率が、1970年には7％を超え、「高齢化社会」に突入します。

1963年には「老人福祉法」が制定されて、特別養護老人ホームが制度化されますが、当時は精神疾患があり介護者にとって手のかかると思われていた

認知症高齢者は、入所させなくてよいという厚生省（当時）が定めたルール（通知）がありました。つまり、自宅で生活ができない認知症の人は、精神病院または老人病院が居場所となったのです。

　戦後復興を果たした日本は、1973年に「福祉元年」を宣言し、社会福祉や社会保障体制の拡充が図られます。そして、70歳以上の高齢者の医療を無償にする老人医療費支給制度（老人医療費無償化）が実施されます。これによって、全国的に老人病院が増加していきます。言い方はよくないのですが、高齢者を受け入れ、薬を出していれば、国からの補助が得られ、それが収入になったのです。

　すると、処遇や環境よりも、「ともかく入院を」と考える病院も出てきました。ちょうどこの頃、認知症の人の在宅介護の恐ろしさを描いた有吉佐和子の小説『恍惚の人』がベストセラーとなり、在宅の認知症介護の悲惨さが強調され、それが社会問題にもなっていきます。

　老人医療費無償化によって、病院の待合室は常に高齢者であふれかえり、「病院のサロン化」「乱診乱療」などともいわれました。

　高度成長期の終焉、高齢者人口増加に伴い、徐々に医療保険財源が圧迫され、1982年の「老人保健法」制定により、老人医療費は有料となります。高齢者の増加、医療の有償化によって、認知症高齢者は行き場を失いました。同時にこの頃、老人病院の劣悪な環境、身体拘束、脆弱な医療や看護体制、必要以上の検査・治療などが、報道などで明るみになり、高齢者医療のあり方は社会問題となり、少しずつその体制を整える方向性へと向かっていくのです。

グループホームケアの原点と基本の考え方 第1部

表1　認知症ケアとグループホームの歴史

年	できごと
1963年	老人福祉法制定 ・特別養護老人ホーム制度化
1973年	老人医療費無償化
1977年	スウェーデンでモデル的にグループホームが始まる
1982年	老人保健法制定 ・介護老人保健施設制度化（1986年法改正） デンマーク「高齢者三原則」を定め、グループホームのような小規模介護施設が始まる
1984年	痴呆性老人処遇技術者研修開始 特別養護老人ホームに認知症の人の入所が始まる
1985年	スウェーデンでグループホームの定義がなされ、実践が始まる
1991年	日本で初めて本格的なグループホーム「函館あいの里」が誕生
1997年	グループホーム（痴呆対応型共同生活援助事業）の制度化
1999年	高齢者保健福祉5か年計画（ゴールドプラン21）で認知症施策の推進を掲げる
2000年	介護保険制度スタート
2001年	認知症介護研究・研修センター（仙台・東京・大府）スタート
2003年	厚労省報告書「2015年の高齢者介護」発表
2004年	「痴呆」から「認知症」へ呼称変更
2006年	介護保険改正により地域密着型サービスが創設され、グループホームが地域密着型サービスになる。
2012年	オレンジプラン（認知症施策推進5か年計画）
2015年	新オレンジプラン（認知症施策推進総合戦略）
2019年	認知症施策推進大綱
2024年	共生社会の実現を推進する認知症基本法施行

理念なきケアの時代

　こうした背景を経て、1986年に介護老人保健施設が制度化、1984年からは特別養護老人ホームに認知症高齢者の入所が可能となります。認知症専門病院や認知症専門病棟も全国各地で設置が広がっていきました。

　しかし、そこで働く職員は、これまで認知症の人をケアしたこともなければ、専門的な知識を学んだこともない人がほとんどでした。つまり、知識も技術もなく、手探りの状態で認知症ケアを行うという無謀な試みだったのです。

　そんななかで始まったのが「痴呆性老人処遇技術研修事業」（1984年）でした。

15

とはいえ、認知症の人の受け入れ開始と同じ年に始まったことから、「タマゴが先かニワトリが先か」の状態で、この当時は、これまでの個人の経験と感覚を頼りにケアを行うしかありませんでした。

国の政策もまた質より量を求め、多床室で効率よくケアをすることが優先されていました。また、入浴介助は廊下で着替えて男女混浴、食事は会議室のような場所で立ったまま介助が行われる、殺風景で何もない廊下や居室、排泄は皆おむつを履いて、脱がないようにつなぎ服を着ている…。

こんな風景が特別養護老人ホームの日常でした。その場しのぎであり、効率重視の管理されたケアには、一人の人の声、一人の人の想い、これまでの生活の継続という視点は不足していました。というよりも、そうした余裕はなく、教育もなかったため、意図せずに「理念なきケア」が行われる文化が醸成されていたのです。

2 グループホーム誕生の背景

反省から生まれた認知症ケア

在宅生活が難しくなった認知症の人の暮らしの場が病院から施設に移行したものの、現場で働く施設職員は知識や技術がないため、その対応に苦慮していました。何とか施設という集団生活に合わせることはできないだろうか、職員の負担を減らすことはできないだろうかという試行錯誤のなかにあったのです。

そこから生まれたのが、入居者を見守りやすくするために中央に設置された職員事務所（ナースステーション）、歩き回っても同じ場所に帰ってくることができる回廊式の廊下、勝手に外に出ないようにするための施錠、殺風景で無機質な居室、立ち上がり転倒を防ぐための拘束ベルト、ベッドの四点柵などです。「集団生活だから仕方ない」「安全と安心のため」というのが理由でした。

これらは、その場しのぎのケアであり、認知症の人の想いではなく、施設職員側の視点でつくられたものです。こうした環境に置かれた認知症の人々は、こ

れまでの生活とのギャップに戸惑い、混乱し、認知症の行動・心理症状がより悪化していきました。そうすると、職員の負担感はさらに増大し、かかわり方も丁寧さを失い、さらに悪化した症状を抑えようとするわけです。これは悪循環であり、理にかなったケアとはいえません。

ただ、こうした時代のなかにあっても、その人の生活を支えることや、「個別ケアを大切にしたい」という思いをもった施設や職員はいました。たとえば、施設では「自分も暮らしたいと思える施設にしたい」という経営者や職員が、選択できる食事やバイキング形式の食事、寝かせきりにさせないためのさまざまなアクティビティやグループ単位でのケア、積極的な外出など、小規模で家族のような環境づくりを目指し、生活の場としてあるべき姿を追い求めた実践の創意工夫がなされ始めていました。

そのなかに、大型の施設に疑問や限界、憤りを感じた先駆者たちがいました。そうした人々が私財を投じて、「宅老所」や「グループホーム」的な取り組みが各地で芽生え始めるのです。

宅老所の登場

大規模施設にはなかった発想を実現しようとしたものが、宅老所でありグループホームでした。それは、「住み慣れた地域のなかで」「家族のように小規模で」「家庭的な普通の暮らし」の実現を目指すものです。そして、「利用者が主体となった、その人らしさ」を目指した日本で初めての取り組みは、宅老所やそれに類似する居場所づくりでした。

宅老所は、1980年代に家族の立場から有志で始まった制度外の取り組みです。必要なときに高齢者を預かり、食事が提供され見守りもしてくれる。必要であれば泊まりができるところもありました。

そうした地域の身近な居場所の必要性は高まり、施設職員が認知症の人に合ったケア、かかわり、環境を求め、全国で宅老所の取り組みが広がっていき

ました。地域における小規模なケアの始まりです。

　ただ、これらの取り組みを行ってきた人々は、ある意味では、職人的な技術をもち、芸術的につくり上げていたといってもよいでしょう。そのため、これからの新たな職員に伝え、人を育て、広がりをもちながら持続する未来に向けて継承するという点においては課題が残っていました。

グループホームが変えたケアの流れ

　宅老所は、認知症の人だけの場所ではありませんでした。そこで、認知症の人が尊厳をもって、安心・安全に、これまでの生活を当たり前のように続けられる、質の高い生活の場を目指して、「認知症グループホーム」は生まれました。1991年に設立されたシルバービレッジ「函館あいの里」です。

　設立者の林崎光弘氏は、スウェーデンをはじめ各国の状況を自費で視察し、認知症ケアの本質を学びました。そして、「認知症の人を地域のなかで支えるための具体的なあり方・形態はグループホームケアしかない」と確信し、北海道函館市に日本初の認知症グループホームを立ち上げたのです。

　林崎氏の取り組みには、明らかに他の取り組みとは異なる点がありました。これまでに明示されてこなかったグループホームの理念について、「誰のために」「何のために」「どのように行うのか」という切り口から、実践を通して示したのです。そして、職員教育を徹底的に行うために、実際に林崎氏が現場で実践を見せたことが特徴です。無謀であるといわれてきたことでしたが、自然環境をケアに組み込み、地域とともに認知症の人を支え、ともに生きることを支える「地域共生のあり方」の手本を見せたのです。

　さらに、グループホームを始めたいという人々に惜しみなく学びの場を開放し、誰でも受け入れ、要望があれば出かけて行き、熱心に指導や助言を行いました。こうした活動は、確実にわが国の認知症ケアの流れを変えていきました。「在宅」から「施設」ではない新たな流れが生まれたのです。

グループホームケアの原点と基本の考え方 第**1**部

❸ モデルとなった取り組み　—北欧のグループホームケア

スウェーデン

　グループホームケアの理念の原点はスウェーデンにあります。スウェーデン出身のベンクト・ニィリエは、共生社会にも通じるノーマライゼーションの理念を英文に訳し、広く国際的に広めました。

　スウェーデンも日本と同様に、認知症の人へのケアは精神病院を中心に展開されてきました。1980年代に入り精神病院が廃止となり、1992年のエーデル改革（地方分権のことであり、医療や介護の費用は全て地方自治体が担うこととされた）によって、認知症の人も地域で暮らすことを基本としたサービス体系を築いてきました。

　認知症グループホームは、1977年にストックホルム郊外で試行的に始まったとされており、当時はデイケアに併設されていたようです。それが各地に広がり、認知症の人を小規模でケアをすることが有効であるという事例が積み上げられていきました。

　当時、スウェーデンではノーマライゼーションの観点から、認知症の人とそうではない人を一緒にケアをするのがよいのか、別々にケアをするのがよいのか、という議論が繰り返されていました。結果、グループホームのような特別なケアや配慮がなされることがベターであるという合意がなされました。1985年バルブロ・ベック・フリス氏（モータラ病院老年リハビリテーション科医長）等が実践的研究を行いグループホームの定義を明確にしたうえで、十分なスタッフ教育を行い、ヴァルツァ・ゴーデンというグループホームをスタートさせました。その教育の指針となるグループホームの定義は次のとおりです。

19

> グループホームとは小規模単位である、家庭的な雰囲気である、思い出の家具や写真等に囲まれて生活ができる、生活をのんびりとそして楽しむことができる環境づくり、認知症のことを理解した専門のスタッフがいて24時間ともに生活できること。

なお「小規模」の基準として、国は当初6人としていましたが、これは徐々に緩和され、次第に「少人数」という表現に変わっていきます。いまスウェーデンでは、日本のようにグループホームという名称が特別なサービス形態としてあるわけではなく、「特別な住居」という大きな枠組みのなかで、グループホームの流れを汲んだ形態の事業運営がなされています。

当初は、日本と同じように独立型のグループホームが多かったのですが、入所者の重度化の影響と小規模なユニット型のケアを行うナーシングホームとの境界があいまいになっていきました。

しかし、グループホームケアの理念とその基準は、今もたしかに継承されています。スウェーデンは認知症ケアの基準となるグループホームケアの基準をつくり、わが国をはじめ世界各国に多くの影響を与え続けているのです。

デンマーク

デンマークは、ノーマライゼーションの理念を世界で初めて提唱したバンク・ミケルセンの国でもあります。スウェーデンや日本よりも早く高齢化が進み、1970年代には施設の増加とともに大規模化も進みました。

こうした状況の打開に向け、1982年に「高齢者三原則」が発表され、新たな大規施設建設の禁止を謳いました。

グループホームケアの原点と基本の考え方　第1部

> **<高齢者三原則>**
> ①これまで暮らしてきた生活を断絶せず、継続性をもって暮らす（生活の継続性に関する原則）
> ②高齢者自身の自己決定を尊重し、周りはこれを支える（自己決定の原則）
> ③今ある能力に着目して自立を支援する（残存能力の活性化に関する原則）

　この原則を理念として、認知症の人もまた、これまでの生活を継続し、自律的な生活を実現したいと望んでいて、それを実現するためのケアの方向転換が必要であるという認識が深まっています。

　こうした潮流の中で生まれたのが「認知症グループホーム」です。デンマークのグループホームの形態は、独立型、特養のような施設の空間を一部のユニット化したものなど、さまざまです。人数の規定はありませんが、おおむね5～10人の小規模な単位としています。

　また、1996年からは、プライエボーリという介護型住宅が誕生しました。これは、24時間介護と専門職の配置、車いす利用可能なバス・トイレ、リハビリ室等の付いた高齢者住宅であり、グループホームもこの類型に入りました。

　いずれにせよ、デンマークにはノーマライゼーションと高齢者三原則という理念が根づいていて、その理念の実現のための検証が継続的に進められています。

4 グループホームの定員はなぜ9名なのか

　前述のとおり、グループホーム発祥の地であるスウェーデンでは、当初6名という定員の基準を設けましたが、その後10名程度となりました。デンマークでも、小規模の単位を明確に決めず、おおむね10名前後としていました。

　わが国では、介護保険サービスの指定地域密着型サービスの事業の設備基

準では、「5名以上9名以下」となっています。背景には次のような経過がありました。

　グループホームは、1991年に「函館あいの里」が誕生したのをはじめ、全国各地で試行的に行われてきた先駆的実践の積み重ねや、1993〜1996年にかけて行われた厚生省（当時）の研究事業を経て、1997年に「痴呆対応型老人共同生活援助事業」として制度化されました。

　研究事業の対象となったのは、宅老所、グループホーム、ユニットケア、グループリビング、ファミリーケアなど、名称は異なれども、小規模で、家庭的なかかわりとなじみの環境のなかで、スケジュールを管理しないケアを目指した全国の実践の数々でした。

　そこで、対象となった実践の定員を見ると、3〜12名を一つのグループにしたものでした。これらは、スウェーデンやデンマークの取り組みを参考にしたものや、物理的な条件からこの人数で行われていたところ、経験的に最適と考えられた人数などいろいろな理由からでした。

　この研究では、事例を集めるだけでなく、いくつかの調査も行われました。この調査に携わった外山と石井は、グループホームでの認知症の人の空間利用の特性と人間関係形成について、マッピングとタイムスタディを行いました。

　この結果が大変興味深いものでした。会話の頻度の平均をみると、三つのグループホームを対象にして、1人が1日に会話をする平均人数は3.5〜4.2、最小値が0で最大でも9人だったのです。

　別の施設を対象にした追跡調査でも、ほとんど同じ結果が得られました。さらに、これらの施設で働くスタッフを対象としたインタビュー調査で、「グループホーム運営上のメリットは?」という問いに対して、表2のような声がみられます。

グループホームケアの原点と基本の考え方　第1部

表2　グループホーム運営上のメリット

- 食事の際、7〜8人座ってもスペースに余裕がありゆったりしている
- 家庭的な人数の生活で、各々の生活のパターンを尊重できる
- 7〜8人の人数は多すぎず、少なすぎずまとまりやすい

　そして、「函館あいの里」を設立した林崎氏は、他国の状況をみたうえで、日本特有の文化に馴染む人数として、10人前後が望ましいと考えました。1991年当時、70〜80歳の人たちの生まれ育った時代を考えると、7〜8人兄弟が多かったことや、戦時中の疎開経験、その後の町内会・隣組の関係性などから、1ユニットには9名程度が妥当であると考えたのです。

　このように、諸外国の実情、先駆的取り組み、研究事業での検証、日本人の背景などについての総合的な検討を経て、2000年にスタートした介護保険制度では、認知症グループホームは居宅サービスの一つとして位置づけられ、定員は5〜9名となりました。介護保険開始当初は、8名以下で運営するところもありましたが、人員基準3：1であることや経営的視点から、今はほとんどのグループホームが9名で運営されています。

5 従来の施設との違い

　認知症グループホームは、かつての認知症ケアの反省から生まれました。施設のスケジュールで管理し、その人の背景を見ず認知症の症状だけに着目し、不可解な行動はすべて「問題行動」と呼び、何もわからなくなった人とみなしてきたかつてのケア。結果的に、大規模な施設となり、できるだけ効率的に素早く移動させ、短時間で食事介助を終わらせるほど素晴らしい職員であるという風潮。威圧的な言葉、薬の過剰投与、身体拘束による言動の管理。

　私たちはこうした時代には戻りたくないのです。施設が悪いのではなく、そのようにせざるを得ない社会のしくみが、こうしたケアをつくってしまったのではな

いでしょうか。

「従来の施設との違いは?」と問われたとき、大規模か小規模か、スケジュールがあるかないか、家庭のような環境を意識したかかわり方ということだけではなく、認知症の人との対話ができなかった、認知症の人から学ぶ余裕がなかったというのが大きな違いかもしれません。

グループホームは、「認知症ケアの切り札」といわれて登場しました。厚生労働省の老健局長の私的研究会が2003年に発表した報告書「2015年の高齢者介護」(高齢者介護研究会)は、認知症ケアの新たな方向性を示した歴史的な報告書です。「新しいケアモデル」としてグループホームを例に認知症ケアの普遍化を目指すことの必要性について次のように述べられました。

> 「コミュニケーションが困難で、環境の影響を受けやすい痴呆性高齢者のケアにおいては、環境を重視しながら、徹底して本人主体のアプローチを追及することが求められる。このことは、本来、痴呆性高齢者のみならず、すべての高齢者のケアに通じるものである。痴呆性高齢者グループホームが近年実践してきている、「小規模な居住空間、なじみの人間関係、家庭的な雰囲気のなかで、住み慣れた地域での生活を継続しながら、一人ひとりの生活のあり方を支援していく」という方法論は、グループホーム以外でも展開されるべきである」

グループホームが実現しようとしてきた認知症ケアは、大規模施設においても認知症ケアの標準として据えるべきであると述べています。

グループホームは、小規模であるからこそこうしたケアを実現しやすいという利点があります。その意味では、「グループホームケア」はその理想やあるべき姿を大規模な施設にモデルとして見せ続けなければならないのです。

家庭的とは何でしょうか、その家庭的な雰囲気をつくるためには何が必要でしょうか、スタッフは何ができるのでしょうか。たとえば、献立の決め方、食器

グループホームケアの原点と基本の考え方 第1部

の選び方、食事のマナー、一つひとつが「家庭的」を演出する仕掛けになります。

　食事だけではありません。日常の過ごし方、お風呂の時間やお湯の温度、散髪をどこでどのようにするのか、外出や買い物、自宅での役割、地域社会での役割、自然との共存など、私たちの人生は、一人ひとりこだわりや好みであふれ、誰一人同じ生活をしていた人などいません。

　認知症の人は、集団生活であることを理由に、スケジュールで管理され、職員の都合でこれらをあきらめてきました。本当は、言いたいけれど言い出せなかったのかもしれません。わかっているけれど、わからない・忘れたふりをしていたのかもしれません。当たり前の生活を再び取り戻すことこそ、もっとも有効で質の高い認知症ケアであることを、グループホームケアは教えてくれました。

　グループホームケアは、従来の施設を「悪」として正義のために生まれたのではなく、私たちがしてほしいケアを実現したいという先駆者たちの挑戦であり、その思いの結実の形であったのだと思います。

　集団生活から共同生活へ。「わかる－わからない」「できる－できない」「認知症である－認知症ではない」という二項対立を超え、職員もともに生活をつくり上げること。それは、誰しもが認知症になることを前提にした共生社会の実現を目指し、そのために、認知症の人から認知症を学ぼうとしたのだと思います。

　それができる場所、それを実践のなかで意識し続けることこそがグループホームケアなのではないでしょうか。

参考文献
・奥村芳孝「スウェーデンの高齢者住宅とケア政策」海外社会保障研究 Autumn 2008, No.164
・松岡洋子「デンマークの高齢者住宅とケア政策」海外社会保障研究 Autumn 2008, No.164,pp54-64
・全国社会福祉協議会「痴呆性老人のためのグループホームのあり方に関する調査研究事業報告書」1996

25

2 ｜ 先駆者の足跡　〜函館あいの里〜

❶ 精神科病院で見てきたこと

苦い経験

　まだ日本に現在のグループホームという施設や概念、しくみがない時代、認知症の人の受け皿の中心は、精神科病院や特別養護老人ホームなどの大規模施設でした。

　当時、日本には認知症の人のための専門の居住型施設はありませんでした。しかし、認知症による周辺症状が「問題行動」と呼ばれていた時代には、薬物療法やケア方法が確立されておらず、問題対処型のケアがある意味一般化していました。また、個々のニーズよりも集団の規律やペースが優先されがちでした。これは私自らが、精神病院や特別養護老人ホームで経験してきたことでもあります。

呉秀三の言葉

　明治時代にさかのぼれば、1900年（明治33年）の精神病者監護法により、精神疾患の患者は監護の責任者（主に家族）が「私宅監置」という自宅内において、いわば監禁する（座敷牢）という「監置」を行うことが認められていました。これは1950年（昭和25年）の精神衛生法施行で禁止されるまで行われていたとされます。監禁するために、隠す、閉じ込める、縛るなどの行為があったことを想像するのは容易なことでしょう。

　このようなことを許すという意識が日本人の根底にあるとするならば、舞台が精神病院に移ったとしても、行われていることはそう簡単には変わりません。

　当時、東京帝国大学の呉秀三が全国の私宅監置の現状を調査し、悲惨な現状を訴えたことをご存じの方もいるでしょう。そしてこのなかで、精神障害者

の現状の悲惨さを訴えた言葉が、「日本の十何万人の精神病者はこの病を受けた不幸の他に、この国に生まれたという不幸を重ねている」という意味の言葉を残しています。私はこの言葉に共感せざるを得ませんでした。

これは100年も前の話をしているわけではないのです。呉の想いを当時の自分と重ねたときに、このままでよいわけはない。自分の目の前の患者と真に向き合わなければならない。ここから漠然とではありましたが、将来たどり着くグループホーム像が見えてきたのかもしれません。

看護師としての経験

私が医療の現場に身を置いたのは、まだ20歳そこそこのときでした。最初は資格もなく働きながら、看護の勉強をしていました。最終的には50歳手前までの30年ほど、精神科病院や特別養護老人ホームなどの施設を渡り歩いてきました。

この当時の精神科病院を知る人ならば、今の常識で考えると筆舌に尽くしがたい行為が行われていたと振り返る人は少なくないかもしれません。看護職として身を置いていると、「管理」という言葉を使ってしまいがちです。もちろん、治療において「管理」が必要なことはあります。しかし、感覚が麻痺していくと、数値をみる、時間をみる、機械をみるといったことに偏り、その人をみることがおろそかになってしまうのです。それは私宅監置から脱却しても、病院や大規模施設への収容という形に変わっただけで、明治時代からさほど変わっていなかったのかもしれません。

認知症の人は収容されなければならない人なのか。措置入院や措置制度の頃の特別養護老人ホームへの入所には、「収容」という言葉がつきまといます。この言葉だけでも、当時の認知症の人への対応がみて取れるでしょう。

誰のためのケアなのか?

　この頃の私は、認知症だけでなく、うつ病や統合失調症、アルコール依存症の患者と接し、どんどん状態が悪化していく様子を目の当たりにして、これでよいのかと自問自答を繰り返す日々でした。看護師をまとめる立場でもあったため、ジレンマとの闘いであったかもしれません。

　本来病院とは、治療が行われ、症状が改善し、退院するという、いわば「ゴールの見える場所」です。しかし、私が目の当たりにしていたのは、入院した人がどんどん悪くなっていく状況です。

　当時行われてきた精神科での看護や介護は、大規模施設の中での集団的なケアであり、患者の尊厳やプライドなどに目を配る考えや余裕などないに等しかったのです。入院した人がやがては寝たきりになり、天井を仰ぐ生活となっていく様子を目の当たりにすると、「自分は何のためにいるのだろうか」「誰を見て看護をしているのだろうか」「自分が見ているのは患者ではなく、医師ではないのか」と、そう思わざるを得ませんでした。そして、上司である医師に従順であることが、仕事ができるという評価になることに、疑問を感じていました。

　遅まきながら、このままでは、自分が一生を終えようとするとき、自分の人生がよかったとはとても思えない。もう行動を起こすときだと決心し、職を辞しました。そして、海外では精神疾患の患者や認知症高齢者の処遇がどういうものなのかを、身をもって知りたいとの思いから、ヨーロッパを中心に高齢者ケアの何たるかを見てきたのでした。

グループホームケアの原点と基本の考え方 **第1部**

❷ 大規模施設で感じた限界

誰が変わるのか？

　私が病院にいた当時は、個々のニーズよりも集団の規律を優先するため、さまざまな規則があり、ケアも画一化されていました。それは、医療や介護をする側の都合によって決められたことでした。こうした規則や画一化が、認知症の人の徘徊や怒りなどを助長させてきたといえます。

　認知症の人は「かわいそうな人」「気の毒な人」「言ってもわからない人」「危ない人」など、ケアにおいても心情的な部分が表面に出ていました。そのため介護も、「困る点」「問題な点」を減らす、「問題を起こさせない」ようにするといった視点で工夫を重ねてきました。問題に対する対処的で経験的な「工夫の技法」でもあったのです。

　しかし、それは客観性や科学的裏づけが乏しく、本来の認知症介護とはいえないものだったのではないでしょうか。私は、本来の認知症介護とは「ともに生きる」「ともに生活する」「ともに喜ぶ」といった「共生の構図（水平のケア）」が重要になってくるのだと考えました。

　「三大介護中心」から「生活そのものが介護」という考え方へ。「集団処遇」から「個別処遇」へ。「施設完結型」から「地域が介護の拠点」になるように。「施設の都合」から「本人の都合」へ。「束縛された生活」から「当たり前の生活」へ。「メディカルモデル」から「メンタルモデル」へ。

　「つくられた寝たきり」「つくられた認知症」の原因は、病院や施設、看護や介護のあり方に他ならないのです。これをいわゆる大規模施設で脱却しようとすることには限界があります。

　大規模施設を小さくする。集団処遇から個別処遇にすれば処遇がよくなる。しかし、そんな簡単にことが運ぶわけではありません。私はそれを「職員の徘徊」と呼んでいました。意識改革ができていない職員に個別ケアを強要しても、何をしていいのかわからず、うろうろしてしまう（徘徊）ということです。

長い間、「計画に合わせて予定通り行動する」ことに慣れた人が、「二人で話し合って共に行動する」ようになるためには、

①『人』が変わる（意識改革）
②『物』が変わる（ハード）
③『事』が変わる（ソフト）

という順序を踏まなければなりません。

集団ではなく、個人を見るようになると、集団処遇による認知症の悪化、人間性の死角等に気づきます。認知症の人の認知は、「点の認知」であり、その距離は10メートル前後ともいわれます。広い場所や長い廊下は、そもそも認知症の人の不安や混乱の引き金になるのです。

認知症の人からの学び

もう一つ大事なのは、認知症の人の常識は、子どもの頃や若かった頃、見慣れた場所、使い慣れた道具等が中心に形成されているということです。その内容は個人によって違いますが、私たちは彼らが混乱する要素を取り除いてあげなければなりません。

ですから、見慣れた人がいつもいる場所、家のような広さ、家のようなしつらえ、誰にも束縛されない自由、身近な地域が必要なのだと思えるのです。

このような本当のあるべき姿は、諸外国や認知症の人本人に教えを乞うことで見えてきました。認知症の人も一人の人間として幸せに生き、価値ある人生を送る権利を有していることに自然に気づかされたのです。

3 グループホームケアとの出会い

認知症高齢者のための本格的なグループホームの発祥は、スウェーデンのヴァルツァ・ゴーデンとされています。前述したように、私は病院を辞めるまでの間、ヨーロッパや北米の精神疾患患者が置かれている状況を調べていました。病院

での入院日数はどれぐらいなのか、病院以外にどのような施設があるのか、薬物・非薬物療法なども含め、日本との違いを知りたかったのです。

とりわけ、スウェーデンで出会ったグループホームが胸にストンと落ちました。スウェーデンにはグループホーム以外に、ナーシングホームやサービスホームと呼ばれる施設がありましたが、これらの施設に実際に出会ったとき、ふと北海道にも老人福祉寮という小規模な施設があることを思い出しました。生活に支障をきたす高齢者が対象で、定員が10名ほどの施設です。

「このような施設が身近なところに数多くできれば…」。そう考えると、もっとグループホームのことを知りたくなり、スウェーデンでのグループホーム視察やグループホームケアの研修を受けたいという意欲が高まりました。そこから継続的にスウェーデンとのかかわりをもつことができました。

④ 日本版グループホームの誕生に向けて

そして、ついに1991年にグループホーム開設に至りました。開設にあたっては、スウェーデンのグループホームの考え方をそのまま日本にもってくればよいわけではありません。小規模集団でケアを行うことによる認知症の緩和や軽減を目指すという部分は同様ですが、日本で行われてきた認知症ケアの歴史や現状、国民性などを考えたうえで、建物の構造や定員、入居する人の重症度や身体の状況など、当時は考えを巡らせました。

建物構造

海外のグループホームを視察したところ、その多くが対面構造でした。これはコミュニケーションの話にもかかわってきますが、欧米人は目を見て話すことがマナーとされます。目を見るということは、必然的に対面になることになります。海外のグループホームは、リビングを中心に、放射状に各部屋が配置されている構造が多いように感じました。このような構造だと、各部屋のドアを開けば、

リビングを見渡すことができ、リビングにいる人たちの声や姿を感じられ、安心感をもたらすという考え方があるのでしょう。
　一方、日本では、コミュニケーションの観点から考えると、目を合わせて話すことが苦手という人も多いのではないでしょうか。そして、対面ではなく、肩を並べるような並列的な関係を好む人が多いのではないかと思ったのです。
　グループホームに入居するような高齢者であれば、それがより顕著だと思われます。建物の構造に置き換えれば、長屋のような形を元に考えるのがよいのではないか。対面構造の場合、向かい側の部屋が見える・見られるという状況になるので、それを避けることが日本人には合っているのではないかと考えました。

対面構造の廊下

入居定員

　当時、日本の大規模施設は定員が50～100名規模の多床室で、雑居ともいえる状況でした。欧米のグループホームでは、定員6～8名で個別ケアが行われていました。
　函館あいの里の定員は、18名としました（現在は17名）。単純に比べると、欧米の倍の人数ではありますが、施設に入居する高齢者の世代は、7～8人きょうだいという人や、三世代で同居するという環境が当たり前の人が少なくありま

せん。それだけではなく、向こう三軒両隣といったコミュニティがあった時代の人たちであれば、18人というボリュームは不自然ではないと考えたのです。

　ただし、個別ケアを展開していくうえでは、グループを構成しなければなりません。申し込み順に入居してもらう形にすると、問題が生じる可能性もあるため、重症度のバランスとその効果を考えなければいけないのです。単に共同生活を営む場所ではなく、その時、その人に適切なケアを提供する場所でなければなりません。

　軽度の認知症の人が重度の人の手を取ってリードするように暮らしていくためには、バランスが重要な意味をもちます。そこで、「重度2：中度4：軽度3」という割合でのグルーピングを基本としました。

　重度中心だと暮らしのリズムや雰囲気が重苦しくなってしまうし、軽度中心だと、身体的には良好な人が多いため、生活のリズムが軽くなりがちです。そうしたバランスを考えて、この構成でスタートしたうえで、必要に応じて微調整していくのが好ましいと考えました。

入居に際しての考え方

　入居にあたっては、入居者本人ならびに家族に各種情報を聞き取ることになりますが、グループホームの生活で大事なのは、入居者本人が今までの生活の中で使い慣れたものを持ち込んでもらうことです。

　部屋の広さには制限があるので、すべてが叶うわけではありませんが、布団、テレビ、鏡台、時計、タンス、仏壇などを持ち込んでもらい、今までの部屋の配置に極力近づけます。部屋に入ってどちら側で寝ていたのか、布団とベッドのどちらで寝ていたのか。できる限りこれまでの生活環境に合わせたいのです。小動物であればペットも一緒に連れて入居できる。こうしたことが、従来の大規模施設では叶えられない、グループホームならではの取り組みだと思います。これはケアの本質にもかかわってくることです。

ケアの本質と意識改革

医療のプロが福祉や認知症のプロであるかといえば、決してそうとは限りません。長らく医療の現場にいると、医療者としての立場や物差しで入居者を見てしまいがちです。しかし、グループホームは生活の場です。医療の経験者がトップに立つことで、その場を医療の場にしてはならないと、常に心に留めるよう誓いました。

生活の場において、グループホームケアを展開するうえでは、「生活療法的ケア」を理念の中核に据えます。私たちは認知症の人たちを家族の一員として接しながら、やすらぎと楽しみのある雰囲気の中で、24時間のケアを行っていく。そして、生活のすべての部分で入居者に残っている力を引き出し、生活に活かせるようにケアをします。

この過程でも、本人が暮らしを再編成して、よろこびと誇り、そして暮らしの安心を得られるように支援するべきです。スタッフは入居者の生活全般にわたってかかわりますが、そこでは、本人の過去から現在に至る暮らしの一つひとつを最大限に引き出すように支援しながら、認知症の状態の安定と、その人らしさの回復に努めなければなりません。

大切なポイントは、入居者に対して、「ケアをする」というスタンスではなく、入居者とともに活動するプログラムを作成していく、ということです。しかし、それを実行していくうえで、スタッフがこれまでに経験してきた常識で対応しようとすると、失敗につながります。今までのような「すべて丸抱えのケア」からの脱却がグループホームケアなのです。たしかに、丸抱えのほうが職員にとっては楽かもしれません。入居者と一緒に考え、一緒に行動すると時間がかかるので、忙しい現場ではそれを避けたいと考えがちです。

従来の看護や介護は、患者に命令したり（指示的接近）、子どものように扱うこと（教育的接近）が当たり前のように行われてきました。しかし、生活療法的ケアを行う私たちは、入居者にとってはあくまでも脇役にすぎないのです。な

第1部 グループホームケアの原点と基本の考え方

ぜなら、主役は、生活を再編成していく入居者自身なのですから。

そのためには、見守ること（黙視的接近）が大前提になります。認知症があるとはいえ、これまでの人生でさまざまな経験を重ねてきた人たちです。当然、プライドや羞恥心も存在します。そこに目を向けず、命令口調で指示されたり、子どもを相手にするかのような言葉を投げかけられれば、不愉快な気持ちになるのは想像に難くないでしょう。

これらのことを実行していくためには、認知症介護全体の意識を改革しなければなりません。私たちはグループホーム運営に当たるうえで、この意識改革を徹底するために、職員とともに次の10項目を作成しました（表3）。

指示的接近　　　　教育的接近　　　　黙視的接近

表3　意識改革の10項目

①旧態依然の論理で仕事（ケア）をするのではなく、入居者個々に合った論理で仕事に取り組もうとしているか、自分自身で確認作業が行う。

②自分の視点を変えて、点検してみる勇気が大切である。ケアへの不満を見つけ出し、それを失敗ではなく、入居者の求めに応じた変更であると捉えること。

③入居者の要望は個別ケアのチャンスと捉える。

④今までできなかったこと（ケア）をするときは、チームに対するトライと考える。

⑤これまでのケアは、介護職という集団の視点で、その日の予定に対して仕事をしていたことに気づく。これからは個別性をもった一人ひとりの介護職の集まりであるという意識をもつこと。

⑥介護職、相談職、調理職、事務職など分かれて仕事をしてきたが、一つの仕事に向かって誰でも対応できるようにすることが本来のサービスである。

⑦ケアのあり方や手法を明確化して、具体的理解と課題の克服にチャレンジする心構えが大切である。

⑧経験豊かな職員は自分の経験や想いをひきずって仕事をしている。このようなマインドだけでケアをしてはいけないと気づくこと。

⑨科学的裏づけや理論が、個々のケースやその時々の場面に求められることを理解しておくこと。

⑩記録の中から見出した理論を正しく認識し、話し合い、新しい方法を生み出すケアが私たちには求められる。

　このように、支援を行う私たち側の意識改革が重要なのは当然ですが、同時に、家族やひいては日本全体の認知症に対する意識も変えていかなければならないのです。今でこそ、認知症サポーター養成講座などで共通理解を深める場が増えてきましたが、当時は「認知症は恥ずかしいもの」という感情が大きかったのです。

一方で、欧米はそうではありませんでした。1994年にアメリカ元大統領のロナルド・レーガン氏は、国民に向けた手紙の中で、自らがアルツハイマー病の診断を受けたと発表しました。「この公表が同じ病気で苦しんでいる方々や、その家族の方々への明白な理解を促すかもしれません」と願ったうえで、次のように手紙を締めくくりました。「私は今、私の人生を落日に導く旅を始めます」。

一国の元大統領と日本の一般市民を同列で述べるのは、そもそも間違いかもしれません。しかし、日本では次のようなことが当たり前でした。

・認知症を患った家族を隠す
・かなり病状が進み、家族だけの力ではどうしようもなくなってから相談する
・すでに認知症の初期段階を過ぎ、施設へ入所するしか術がない状況になる

また、「送迎車に施設名が入っていると、家族がデイサービスに通っているのが近所に知られるからやめてほしい」という声もあるくらいでした。このような状況だからこそ、グループホームを日本に広めるためには、一般市民の意識改革が不可欠であったと振り返ることができます。

生活障害を支える視点

認知症グループホームにおいて、介護の対象となるのは、「認知症」ではなく、「認知症のために生活の場面でさまざまな障害に直面している人」です。認知症の人は、障害を抱えながら懸命にファイナルステージを生きている人（生活障害者）として捉えることが、介護者に求められる視点です。

こうした視点から見ると、認知症から発生する"徘徊"や多様な行動の全般を、問題であると捉えるのではなく、生活のリズムや認知症の行動特性という見方、いわゆる認知症の人の生き方だと理解することによって、その人の、その人らしい生き方を尊重することにつながるのです。

もう一つの視点は、認知症グループホームは「共同で暮らす家」だということです。これはこれまでの日本にはない新しいカテゴリーでした。「家」ではなく、

「施設」でもない「在宅型共同住宅」という疑似家庭を構成することでした。

　ご存じのとおり、グループホームが法制化された際の名称は、老人福祉法上では認知症対応型老人共同生活援助事業、介護保険法上では認知症対応型共同生活介護とされ、共同生活を送るというところに主眼が置かれました。ですから、家風はあるが規則はなく、ともに暮らすという「共生の構図」をつくることが重要となったのです。

　共同の家（疑似家庭）には、①それぞれが、②自由に、③したいことができる、④自分の時間がもてる、⑤自分の思いで生きられる、ということが求められます。また、パートナー（疑似家族）となる職員に求められるのは、①叶える、②助け合う、③分かち合う、④エンジョイする、⑤和らげる、という姿勢です。基本的に、そこで行われるケアは、ホーム内での「暮らしの支援」なのです。

　ケアの重要な視点としては、①入居者一人ひとりの尊重、②職員の穏やかな態度、③入居者一人ひとりの過去の経験を活かしたケア、④入居者のペースの尊重、⑤入居者の自己決定や希望の表出への支援、⑥一人でできることへの配慮、⑦身体拘束のないケア、⑧鍵をかけない工夫、などが挙げられます。

　このような考え方を職員全員が共有したうえで、生活スタイルが異なるそれぞれの入居者のペースに合わせたケアを提供することが基本となります。

5 求められるグループホーム像

尊厳ある生活

　たとえ認知症があっても、一人の人間として尊厳が守られ、ケアを受けながら普通の生活を維持することが、グループホームケアの原点です。

普通の生活が目標ではなく出発点

　既存の大規模施設では、「収容の場」から「生活の場」という意識変化があり、「より家族的な、普通の生活」が一つの到達目標となっていました。グルー

プホームは「普通の生活」を環境として提供することが出発点であり、生活環境の質をはじめ、時間の過ごし方（時間的質）、人間関係の継続（関係の質）など主観的QOLに問いかける実践でもあるのです。

その人らしい生活

認知症の人が一人ひとりの歴史を尊重し得る生活、自由で安らぎのある生活の場であること、小規模な生活空間の中で集団化しない、あくまでも一人ひとりのその人らしい生き方で生活できることが担保されなければなりません。

地域社会の一員としての生活の構築

本来グループホームは、ノーマライゼーションの理念に基づくものです。認知症であっても地域住民とミニマムコミュニティの中で生活することや、地域社会を構成する一員であることの配慮がとても重要です。

終の棲家としての機能を方向づけること

以前、終の棲家となり得るのは、病院や大規模施設しか想定されていませんでした。しかし、入居期間が長くなるにつれ、認知症の重度化は免れません。そうなったとき、病院や大規模施設へ入院・入所すると、その人にリロケーションダメージを与えてしまいかねません。

グループホームに終の棲家としての機能があれば、生きるための場所の選択肢が広がります。もちろん、そのためには医療機関との連携が欠かせませんが、最期の看取りの問題も含めた、安心できる体制の構築も求められるときが来るのです。

本来、認知症の人の住む場所は、医師や施設の職員が決めるべきではありません。認知症になっても重度になっても最期の看取りにしても、それを求める家族の想いや、安心できる体制の構築があるかが重要です。

これらが日本版グループホームを形成していくうえでの土台となり、グループホームというのは何をしてくれる場所なのかを行政や地域の方に説明して、理解が得られなければ成立しません。独りよがりでグループホームをつくったとしても歓迎されないのは明らかで、失敗の未来しか残されていないのです。ですから、実際に開設までの間にこれらを実行に移すべき方法論を模索していたのです。

6 函館あいの里の誕生

日本で初めての試み

　病院を辞めてから約3年間。施設を開設するにあたり、海外の視察や北海道南部の市町村をくまなく訪ね、前述した自分の頭に描くグループホーム像を説明しながら、協力を仰いでいく活動を行っていきました。

　同時に、開設資金と開設候補の土地を確保しつつ、その町内会や隣近所の方々へ説明やお願いに奔走していました。そして1991年3月、念願の日本版グループホームをようやく誕生させることができました。

　しかし、当然ですが、この当時は制度や支援が何もありませんでした。ですから、どういう名目で施設を建設すればよいか、消防や行政にどのように届け出ればよいのか、手探りの状態で行ってきました。

　制度化されたグループホームは、個人個人で居室を契約してもらい、あくまでも在宅としてサービスを受ける形をとるので、当初は在宅サービスに分類されていました。

　しかし、制度のない頃は、面会に来た家族に食事を提供したかったし、そのまま泊まっていくことも想定していたので、飲食店の許可をとり、賃貸アパートと同じように部屋を契約してもらっていました。その時々でやりたいこと、やるべきことを実現させるため、変化を繰り返していったのです。

　当時は、大規模な老人ホームばかりだったので、そうした施設の経営者たちからは、「たかだか十数人の利用者を預かっているだけで、こんなものの何が老

人ホームだ」と揶揄されたものです。

「こんなものはすぐ潰れる」

　グループホームでは、入居する方に対して、ほうきやちりとりなど、「新しいものではなく、今まで家で使っていたものをそのまま持ち込んでほしい」とお願いしていました。それには理由があります。

　しかし、見学に訪れた人の中には、「函館あいの里は入居者に掃除をさせている」「よっぽど金がないのか」「職員がいないのか」「こんなのはすぐ潰れるさ」などと言う人もいました。病院や大規模施設しか知らない人は、そう感じたことでしょう。

　しかし、そのようなことを言われても悔しくもありませんでした。当時から函館あいの里は、掃除だけではなく、洗濯や調理の手伝いをしてもらっています。決してお金がないわけでも、人を雇えないわけでもありません。

　口には出しませんでしたが、心の中では、「そんなことを言うあなたも、きっと何年か後にはグループホームをつくっているはずだ」と思っていました。

　私には自信がありました。それは先行している諸外国の流れは間違いなく日本でも通用すると思ったからです。結果として日本にもグループホームが根付いていきました。

函館あいの里の外観

グループホームを家庭的にするために

　函館あいの里では、その人のセレモニーを大事にしています。これは、「施設に入ったことで、今まで行ってきたことができなくなってしまった」という想いを入居者にさせたくないという想いからです。

たとえば、函館あいの里では家から仏壇をもってきてもらっても構いません。もしも、仏壇が立派すぎてグループホームの居室には不釣り合いということであれば、位牌や写真だけでもよいのです。

　自宅にいたとき、朝起きて一番にすることが仏様に水をあげ、手を合わせることだった人は、施設に入った途端、それができなくなってしまいます。

　たったそれだけのことと思う人がいるかもしれませんが、その入居者にとっては、ご先祖様や長年連れ添ったご主人、戦死した息子に手を合わせることは、とても大切な行為です。しかし、いつかそれができなくなってしまうでしょう。だからこそ、それまでは続けてもらいたい。

　認知症になったとしても、一人の大人として、仕事や家事を行い、子育てをしてきた人たちです。その人生の中で、さまざまな経験を積んできた人たちから、施設の都合で生活を変えなければならない現実がありました。

　日本にグループホームをつくるために先頭に立ってやってきた私は、改めていかなければならないことだらけだったのです。たしかに、入居者にとっては疑似家庭であってほしいと願うと同時に、私たちにとっては施設であることを常に念頭に置く必要があります。

　現在でいえば、介護保険に関する法令や基準、消防法など順守すべきものが多々あるので、「入居者にとっては家だから」という言葉を免罪符として、私たちが何でも自分たちの想いだけで行ってよいわけではありません。そのことも理解しなければなりません。

これまで大切にしてきた行為を続けてもらう

グループホームケアの原点と基本の考え方 **第1部**

3 | グループホームで求められる実践

■ グループホームで求められる具体的なケア

　「グループホームとはどういう施設ですか?」と地域の方や入居を考えている本人・家族から聞かれたら、どのように答えますか。日本にもグループホームが根づき、全国にたくさんの施設が生まれたので、施設ごとにさまざまな特色があります。前述した内容と重なるところはありますが、グループホームには、次のことが求められます。

- 小規模で一人ひとりの全体的な状態や個別性にしっかり向き合える
- 家庭的な場で24時間を通じた観察と一貫したかかわりができる
- 一緒に暮らす仲間の存在がある

　そして、そのために次のようなケアが具体的に提供されるものと思います。

①安らぎと能力の発揮に向けた環境づくり

　音や色、空間等を心地よく整えます。また、なじみの物や五感への刺激を活用し、喜びや自信、自発的な動作を引き出します。

②一人ひとりとの深いコミュニケーション

　言葉やアイコンタクト、身振りなど全身を使って、コミュニケーションをとります。

③本人のペースや自己決定を大切にしたその人らしい過ごし方の支援

　援助側のペースで物事を進めるのではなく、本人なりのペースや意向をもとに支えます。

43

④身体のリズムを調整する調整

　睡眠、食事、排泄等のリズムを把握し、できるだけ薬に頼らずに自然なリズムが生まれるよう、生活全体として一貫した調整を図ります。リズムの崩れは、体調悪化のシグナルであり、注意深い観察と早期対応が欠かせません。

⑤力を見極めながら暮らしの動作の支援

　時と場合で変化する「できること・できないこと」を的確にアセスメントし、自立と自信、誇りを保てるよう支援します。

⑥記憶を呼び起こし、生活史を手がかりに喜びやその人らしさを取り戻す支援

　本人や家族から習慣や好み、特技、エピソードなどの情報を丁寧に収集し、会話や生活の中に活かします。

⑦認知症に伴う周辺症状を緩和するケア

　歩き回る、不明瞭な言動、興奮するなどの状況を注意深く観察し、背景にある本人なりの意味を生活史などの情報と重ね合わせながら探ります。押さえ込む対応ではなく、動機や欲求、誘因に応じた対策を工夫します。

⑧仲間との支え合い、なじみの関係づくり

　孤独や入居者同士の衝突を防ぐ。職員が直接かかわるよりも、入居者同士が仲間の存在で元気づけられたり、支え合って生活できたりするように、言葉かけやお膳立てをします。

⑨家族と本人との関係の支援、家族のエンパワメント

　家族との持続的な関係づくり、そして家族によるエンパワメント（活きる力を湧き出させること）は、援助活動の基盤となるものです。崩壊しかけた家族関係を修復することも、私たちの役割です。

⑩町や自然に触れ合いながらのケア、そして地域づくり

　屋内のケアは限界があります。その日の天気や入居者の希望に合わせて、自由に外出が楽しめるよう柔軟に対応します。認知症の人が戸外で活き活きと過ごす姿を町の人々に目にしてもらい、認知症の人が町の中で暮らすことの大

グループホームケアの原点と基本の考え方 第1部

切さや可能性の理解を図り、日々のさりげない協力関係を生み出します。

2 地域とともに暮らす

　このようなグループホームケアを通して、認知症の人だけでなく、家族を含めた多数の人の幸せを求めるには、地域がもたらす意義は不可欠です。認知症の人は地域の一員であり、地域とともに暮らすことがゴールではなく、スタートであると捉え、認知症の人を支える活動を続けていかなければなりません。

　また、私自身が医療従事者であったということもあり、グループホームを終の棲家にできるのかということも合わせて考えていました。グループホームを開設し、前述した重症度の構成割合で運営を始めましたが、必ず状況は変化していきます。入居時は軽度であった人も、1年経てば、中度・重度になるかもしれません。歩くことができた人も、車いす使用を余儀なくされるかもしれません。

　制度化されたグループホームにおいても、生活の中のつまずきを援助することに主眼が置かれ、あくまでも能動的に暮らすいわば生活型のイメージでした。それゆえグループホームは「仮の棲家」だったのです。

　しかし、居場所を変えることによるリロケーションダメージを考えると、ターミナルケアが可能な終の棲家になることが求められる日が必ず来るものと思っていました。そのため、最初は一つしかつくれませんでしたが、軌道に乗ればそう遠くないうちに、二つ目のグループホームをつくるという構想も頭に入っていました。

　生活型のグループホームと介護型のグループホーム。能動的に暮らせるうちは生活型のグループホームで暮らし、年月を重ね、重度化した場合は、より手厚い介護を提供できる介護型のグループホームで暮らす。

　そして、そこで主治医の協力を得ながら看取りにもつなげる。そんな形で日本のグループホームが成熟していければ、入居者も家族も安心できるのではないかと思っていたのです。

3 緩和ケアの4つの土台

　私がスウェーデンでグループホームケアを学んだとき、同時にスウェーデンの緩和ケアも学びました。そこで学んだのが4つのコーナーストーン（土台石）という考え方です。医師が常時いない施設であるグループホームでのターミナルケアは、緩和ケアが基本となります。

　世界保健機構（WHO）による緩和ケアの定義では、「治癒を目的とした治療ではなく、積極的な全人的ケアで症状をコントロールし、苦痛な症状を和らげる」とされています。すなわち身体的、精神的、社会的、スピリチュアル的な苦痛を和らげることなのです。

　そこで実際に緩和ケアに取り組むにあたって、大切な4つの土台となる考え方をコーナーストーンと呼んでいました。それが、①コミュニケーション、②チームワーク、③症状観察、④家族支援の4点です（図1）。これら4つの視点で様々な苦痛に対するアプローチをしていくわけです。

　認知症になれば、たしかにファイナルステージに近づいている状況といえますが、認知症だからといって、すぐにターミナルケアとなるわけではありません。人生のファイナルステージの中で、24時間見ている私たちが終末期を意識しはじめた段階で、主治医とともに本人や家族が望む最期の場所、そして死に方ではなく生き方を決めたうえで、支援を行っていく。

　この一連の経過を書面に残し、家族の気持ちに変化があれば修正する。同時に職員の教育と職員のケアも行う。長く医療に従事した者であれば、どうしても死への耐性がついてしまいます。しかし、その経験のない職員にとっては、親身になればなるほど人の死を目の当たりにしたときに受けるダメージが大きくなるでしょう。このように、今すぐにはできなくても取り組まなければいけないも

①コミュニケーション	②チームワーク
③症状観察	④家族支援

図1　暖和ケアの4つのコーナーストーン

グループホームケアの原点と基本の考え方 第1部

のを想定しながら、次なる準備を進めていたのです。

4 終の棲家を目指す

　認知症の人が地域の人とともに暮らすためには、尊厳が保持され、心豊かに、安らかな気持ちでいる必要があります。そのために「ゆっくり・いっしょに・楽しく」という考え方を理念の一部としつつ、日本のグループホームは欧米のコピーであってはならないとの考えから、函館あいの里方式の理念をつくりました。

　それはノーマライゼーションの考え方を基本として、「地域統合・自然統合・人間統合」という三要素を核に据えて具体化していきました。中でもこの「地域統合」という考え方は、30年以上経った今でも全く色あせておらず、強く求められているように思えます。

　このように今までの自分への大いなる反省と、認知症の人に対する数々の失敗を重ねたことを心に留めつつ、これから出会う認知症の人を支えるべく支援してきました。1991年にグループホームの運営を開始しましたが、ようやくグループホームが公に認められる時がやってきました。国の制度化に向けて動き始めたのです。1995年から1996年度（平成7年度から8年度）にかけて痴呆性老人のためのグループホームのあり方に関する調査（社会福祉法人全国社会福祉協議会）が行われ、函館あいの里も調査研究施設に指定されました。

　その後、1997年に痴呆対応型老人共同生活援助事業が制度化され、公的にグループホームが認められ運営できるようになりました。そこから3年後に介護保険制度に位置づけられ、グループホームという名とその効果が全国に知れ渡り、普及期に入ったのです。

　認知症の人の終の棲家を作り守ること。地域統合、自然統合、人間統合という3つのキーワードで進めていった一歩がグループホームを通しての認知症ケアの一助になり、新たな認知症介護を模索していく仲間達が日本中にできたということは、紛れもない事実なのです。

47

第2章 グループホームケアの基礎と展開

1 | グループホームケアとは何か

■1 なぜ理念が大切なのか
〜失われた役割、奪われた「わたしらしさ」〜

　認知症の人が大規模施設や病院に入ると、認知症の症状は直線的に、あるいは階段を転げ落ちるように、急激に進行することさえありました。これは認知症が急変したのではありません。周りがそうさせてしまっていたのです。スタッフからの言葉に縛られ（スピーチロック）、身体拘束や行動抑制をされ（フィジカルロック）、向精神薬により活力を奪われる（ドラッグロック）ことが、その当時普通に行われていたからです。これらは「魔の3ロック」と呼ばれました。

　私たちはこの時代に戻りたくないのです。こうしたことが行われていた理由は、施設や病院スタッフの仕事のスケジュール、集団生活の規則が優先されていたということに他なりません。それによって認知症の人は、在宅生活で担ってきた食事の準備や掃除、洗濯などの家庭の役割を失い、仕事や地域活動などの社会的な役割を失い、思い出を失い、着たい洋服、趣味、場合によっては尊厳をも失ってきたのです。

　施設入所によって、認知症の人は行動だけではなく、人生の自己実現、他者から認められることなどが、「利用者の安全・安心のため」というスローガンのもとで、奪われてきたのです。これらは、ケアではなく「管理」です。施設・病院側にとっての安全と安心でしかありません。こうしたケアが認知症を悪化させる理由になっていたのは明白でした。

グループホームケアの原点と基本の考え方 第1部

　では、何をどのように変えていけばよいのでしょうか。今を悔やんだとき、限界を感じたとき、迷ったときに立ち返るべき拠り所は理念です。理念はすべてのケアに通じます。ケアの記録を書くとき、認知症の人と会話しているとき、環境改善を考えるとき、人材育成を考えるとき、苦しい状況に立たされたとき、理念に立ち返ることで、どうしたらよいのか考えることができます。

2 当たり前を実現するケア

　認知症のグループホームは、単純に「小規模」「グループ」で「ホーム（家庭的）」をつくればよいというものでは決してありません。美辞麗句を並べただけでは実行性がなく、絵に描いた餅のようになってしまいます。

　実行・実現するうえで不可欠なのは、「小規模」「グループ」「ホーム（家庭的）」の特徴を束ねて貫く理念です。建物の設計など物理的な環境から始まり、スタッフが行う細かなケアの方法、視線や一つひとつの所作、そして、経営や運営の方針に至るまで、理念はグループホームで展開されるケアに係るあらゆることの支柱になり、あらゆることに染み渡っていなければなりません。

　目指すべきところ（使命）は、グループホームに暮らす人の「当たり前の生活が保障される」というノーマライゼーションの思想をケアで実現することです。認知症であることを理由に区別されないこと、生活が制限されないこと、その人が生きてきた暮らしが継続できることこそ、「当たり前」であり、それを実現することがグループホームケアなのです。

　そのために、その人の生まれ育ってきたこれまでの背景、可能性、意欲を可能な限り知ろうとする努力を惜しんではなりません。

3 生活を支えるグループホーム

　私たちは、「認知症」をケアしているのではありません。「認知症のために生活場面でさまざまな障害に直面している人」をケアしているのです。当たり前の

49

ようでありながら、出口の見えない認知症の人の症状に接し続ける日々の中では、ときに忘れがちになります。

　グループホームケアを実現するためには、「認知症の人は、日常生活のなかでさまざまな障害（生活障害）を抱えながらも、懸命に人生の終盤を生きている一人の人間」という視点でかかわり、私たちの意識に刻み込むことから始めなければなりません。

4 ケアスタッフの使命

　一般社会では以前から、「認知症になったら終わり」「認知症は何もわからなくなる」といった烙印を押し、過剰なまでに認知症を忌み嫌い、恐れてきました。こうしたなかで、ケアをする専門職までもが、認知症の人に対し、あきらめや偏見を抱くようなことは、あってはならないのです。

　かつては施設職員も、認知症の人を「仕事の邪魔をする迷惑な厄介者」として扱ってきた歴史があります。残念ながら今でも、そうした状況がみられることも事実です。

　そうした施設、スタッフには特徴があります。認知症の人の行動のすべてを「問題行動」として捉え、仕事を遂行するうえで問題だからと隔離し、「安全のため」「人手がいない」という理由で行動抑制を正当化していることです。

　コミュニケーションという考え方も希薄で、その人の苦しみや悲しみに向き合わないことを、「嘘も方便」として正当化してきました。つまり、この時代の施設職員は、認知症ケアの専門職とは言い難いものでした。

　ケアの専門家として、スタッフは入居者のことを「認知症の人」という一種のフィルターをかけた見方から変えなければなりません。目の前のその人は「認知症の人」である以前に「懸命に生きようとしている人」です。

　だからこそ、その人のありのままを見ることがケアの専門職としての第一歩です。ありのままのその人をみることから出発すると、どのような認知症の症状が

あっても、その人なりの奥深い人間性が見出せます。グループホームという小規模で家庭的な環境のなかで、見えにくい本当のその人を引き出し、最期のときまで大切に「本当のその人」を守っていくことが、ケアスタッフの使命なのです。

【グループホームケアの理念を実現するスタッフの使命】

- 認知症がどのようなレベルであろうとも、ここを終の棲家としてその人らしく最期まで快適に暮らしていけることを目指し続ける。
- 本人の心身の潜在能力を引き出して、生活を再編し、喜びと誇り、安定を取り戻せるように支援し続ける。

---

5 グループホームケアの基本理念

グループホームが目指す姿は、「ノーマライゼーション」が浸透した場所であり、認知症であることを理由に区別・制限されず、これまでの暮らしが継続できることです。この目指すべき姿を実現するために、行動やケアのあり方、方向性を示す基本理念があります。大規模施設では成し得ないグループホーム固有の価値観ともいえる3つの基本理念を説明します。

基本理念1　人間統合

「認知症が重症化しても人間としての尊厳や権利を損なわず、
**　　　　　　　　　　　　最期までその人らしいあり方を目指す」**

認知症のどんな症状があったとしても、その人らしい暮らしを続けることができなくてはなりません。その人の人生は、その人が主体者です。あきらめてしまったり、周囲の人が決めてしまったりするものではないのです。その人の人生を実現し、再構築することを決してあきらめてはなりません。

だからこそ、「ここのルールだから」「集団生活だから仕方ない」といった理由で、スケジュールを管理しようとしたり、強要したりしてはならないのです。最後までその人らしい生活のあり方を目指すため、さまざまな人と出会い、自らで決めることや可能性の機会を模索する。それがケアなのです。

基本理念2　自然統合

「自然から回復力を得ることで本来のその人のもつ力が引き出される」

病院での入院生活が長引くと、その人の自然な回復力が奪われることがあります。これは、治療方法について指摘しているのではありません。屋内だけで生活をしていると、人や自然と触れ合う機会が極端に少なくなるということです。

ケアはさまざまな資源や機会を活用することで豊かなものになり、質が高まる可能性を秘めています。春の芽吹き、初夏のさわやかな風、秋の実り、冬の刺さるような寒さ…。こうした四季折々の空気や香り、雰囲気は、屋外に出ることで感じられます。

自然は人に癒しを与え、環境に順応する力も思い出させてくれます。これが自然治癒力であり、自然の力を借りたケアでもあります。豊かな自然を暮らしやケアにふんだんに取り入れていきましょう。

基本理念3　地域統合

「認知症の人が地域と"ともにあること"、地域の一員として暮らすことを目指す。そして地域づくりに貢献する」

施設で完結するのではなく、地域を活用し、地域の中で暮らす感覚をつくります。大規模施設では限られたスタッフで多数の利用者のケアを行うため、「施設の外に出たい」という要望を叶えるのは難しいものです。そこで、施設内でイベントを企画したり、訪問販売に来てもらったりといった工夫によって対応している施設もあります。

認知症になっても「スーパーに買い物に行きたい」「花見をしたい」「美容室に行きたい」という思いは当然あります。グループホームはこうした思いを実際に叶えることができます。「自宅ではない自宅」こそがグループホームです。グループホームケアは、いつでもその人の想いが「どうしたら実現できるのか」を考え、障壁を乗り越えることを考えます。疑似ではなくリアルを目指すのです。

こうした取り組みの積み重ねは、地域の人の認知症への認識や価値観を変えていくことにもつながります。グループホームの取り組みは地域の認知症観を変えることができるのです。

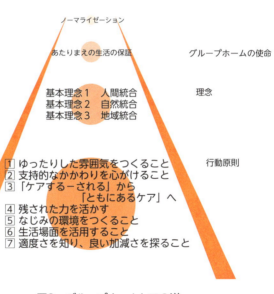

図2　グループホームケアの道

2 | グループホームケアの原則

　24時間365日続く生活をつくるためには、目の前にいるその人の安心と安全を両立させる技術が必要です。これはマニュアルではなく、身につけていかなければならない感覚的な部分も含まれます。だからこそ、新人も、中堅も、ベテラン職員も、何度も繰り返し確認しなくてはならないポイントでもあります。

■ ゆったりした雰囲気をつくること

　グループホームは治療や収容の施設ではありません。認知症の人がもっともよい状態で満足して暮らしていくための住まいです。そのためには、"ゆったり"という感覚は重要な原則です。

　認知症になると（特に高齢期）、知覚や反応のスピード、情報処理のスピード（流動性知能）などが低下します。速いテンポの言葉や声かけ、まわりの動きにはついていけず、そのことだけで混乱や失敗につながってしまいます。特に、緊張や不安、怯えなどストレスのかかった状態では、知覚や反応スピードの低下がさらに顕著で、混乱の度合も著しく高まり、パニックになることもあります。

　ゆっくりと穏やかなペースは、緊張を解きほぐし、楽しさや明るさを引き出す対応になります。急かさず、言葉も動きもゆっくりにすると、その人のペースによって醸し出されるホームのゆったりとした雰囲気は、不安と焦燥感の中で生活している認知症の人にとって、大きな安らかさと活力をもたらします。また、知的機能や行動面にも大きな変化をもたらしてくれるのです。

■ 支持的なかかわりを心がけること

　認知症の人が何かをやろうとするときに、スタッフが「それはダメ」「やめて」と禁止したり、「ご飯を食べてください」「寝てください」と指示したりすることが

あります。

　これは、ケアする側の常識や都合にとらわれた「管理のためのケア」です。認知症の人は、自分の自由な行動をコントロールされる理由や規則が把握できず、状況に応じた即座の修正も難しいため、指示や禁止をされると、混乱をきたしたり、激しく興奮してしまったりすることがあります。

　それによってスタッフはさらに指示や禁止、さらには無視や行動抑制などをしてしまい、悪循環に陥ることになります。かつての大規模施設や病院などではよくみられていた光景です。その悪循環は、睡眠のリズムを崩したり体調の低下なども生じ、生活の質を低下させていきます。

　認知症があってもできるだけ自由に、ありのまま動いてもらうことは、安らぎを導きます。そして、自分で決めた、自分で成し遂げたという自己効力感は、満足感のある暮らしを生み出すための第一歩です。自己効力感がもたらす内発的な動機づけの向上により自発性を高めます。指示するのではなく、「支持的なケア」を行うことが求められます。

　人生の舞台の中心にいるのは、その人本人です。スタッフは黒子役として近くで見守り、その人の動きに合わせた対応を編み出していくかかわりが必要なのです。自由でわがままが許されるのです。

　グループホームは小集団での生活ですが、認知症の人がお客さんではなく、その家（ホーム）の主（あるじ）として自由気ままにふるまえてこそ、本当の意味での生活の場となります。グループホームの小さな環境やスタッフの密なかかわりを生かしていきましょう。

❸ 「ケアする−される」から「ともにあるケア」へ

　認知症の人は、こうしようという思いと行動が結びつきづらくなり、立ち往生したり、動作を失敗してしまったりすることがしばしばみられます。本人もそうした自分の行動がままならない状態に当惑し、不安を感じているものの、置かれ

た状態について理解ができていません。

そんななかで、スタッフが「その人のために」とすぐに手伝ったり、指示をしたりすると、本人は不本意に感じ、自尊心を傷つけられてしまいます。認知症の人はケアされる人、スタッフはケアする人という勾配のある関係では、認知症の人は受動的な存在となり、依存的にさえなってしまうおそれがあります。それでは、グループホームケアとはいえません。一緒に時間を過ごし、一緒に食べ、一緒に動く。その日々の繰り返しによって、「この人は安全な人」「安心できる仲間だ」と認知症の人に感じてもらえるようになるのです。

認知症の人とともにあるケアが暮らしのなかに根づいていくと、認知症の人が自分自身の存在や歩んできた人生に誇りと自信を取り戻してくるのがわかります。ホームの中の活動に参加したり、掃除や洗濯などの役割を担うことによってです。

すると、その人は同じホームの入居者だけではなく、スタッフのこともいたわるようになります。こうした状況をスタッフは受け止めて、認知症の人にケアをしてもらう役に徹することであらたな関係性が生まれます。これが「ケアしケアされる関係」であり、ともにあるケアの目指すところでもあります。

4 残された力を活かす

認知症によって失われてしまった能力や行動・心理症状にばかり目を奪われず、その人の残された力や潜在的な力を見極めること、活かすことを考えましょう。

そのために、残された力を自然と誘発するような仕掛けをグループホームの環境や活動で用意します。自分の力で何かを達成したり、たずさわれたり、思いがけない力を人に認めてもらえるということは、誰にとっても喜びであり、自信につながっていきます。

それらの積み重ねによって動揺や混乱が収まったり、言葉や動作がスムーズになっていく人もいます。実際に、言葉がほとんど出なかった人が、グループホー

グループホームケアの原点と基本の考え方 第1部

ムに入所して役割をもつことで、信じられないくらいに語彙が増え、会話ができるようになった人もいます。

　こうした経験は、スタッフにとってもケアの自信につながります。「認知症が進行しているから、もう無理だろう」とあきらめてしまっていた先入観から脱し、「残された力を活かす」ことへの可能性と希望をもたらすことになります。

5 なじみの環境をつくること

　認知症の人は、認知機能の低下のために、周囲の人や環境、時間などの関係の確かさがなくなっていく感覚が生じてきます。本当にこれでよいのか、あの人は家族なのか、私にとってどういう関係の人なのか、そしてここはどこなのか、今は何時なのかなど。認知症の人にとっていつも同じ環境で、安定した状態にしておくことは、混乱や失敗を防ぐうえで大切です。

　だからこそ私たちには、馴染みの環境をつくるための最善策を考え、環境づくりに努めることが求められます。認知症の人は安定した環境を望みます。その環境の土台があって、さまざまな力を発揮することができるようになるのです。

　建物などの物理的な要素だけではなく、かかわる人やそのかかわり方なども、認知症の人を取り巻く環境の一部です。それらをなるべく変えないこと、ケアやかかわり方、声かけなどの方法をスタッフ間で統一すること、もし人が変わっても、その方法を継続させていくように心がけなければなりません。

6 生活場面を活用すること

　グループホームでの生活は、認知症の人のごく自然な暮らしであると同時に、24時間の暮らしの中のさまざまな動作や出来事が、その人の力を見出し、活かすためのケアの場面であると考えてください。グループホームには理学療法士や作業療法士はいませんが、日々の生活が変化と刺激にあふれています。特別な訓練やリハビリテーションの時間をつくるアプローチではなく、日常の役割や

57

季節の行事、会話のなかで本人の力を引き出すことが大切です。

　掃除をすること、食事をつくること、荷物を運ぶこと、トイレに自分で行くこと、畑づくりをすること、散歩をすること、外出先を考えること、食事のメニューを考えることなど、暮らしのあらゆる場面に活用できます。

7 「適度さ」を知り、「良い加減」を探ること

　認知症の人は刺激に対する耐性が弱く、過度な刺激は本人の安定感を脅かし混乱や恐怖、不安感だけではなく、認知症の行動・心理症状を出現させることがあります。これは、本人の苦しみの表れなのです。刺激とは、音や光、急な動作、突然の環境変化などあらゆる刺激のことです。一方で、刺激が乏しすぎる生活も機能低下をもたらすことが知られています。

　このことから、過度な刺激を回避しながらも、心身を活性化させる刺激があるという「適度なバランス」、つまり、「良い加減」を維持していかなければなりません。これはとても難しい課題ですが、小規模なグループホームだからこそ実現できることです。

　身体的な活動や喜怒哀楽などの感情を含む心理的な部分の刺激が、その人にとってどの程度が「良い加減」なのか、どの程度が負担になるのかを見極めて、日々調整していくことが、小規模な施設であればできます。

　「良い加減」という点からすると、スタッフがその人にどの程度の心身の活動や感情の動きを期待しているかも調整するうえでは大切です。期待しすぎて刺激が大きくなりすぎていないか、期待しないことでほったらかしのようになり、刺激のない生活になっていないか、本人のいまの能力と意向を絶えず探りながら、「適度さ」と「良い加減」を探さなければなりません。

グループホームケアの原点と基本の考え方 第**1**部

3 ケアをつくるための基本的な理解

1 その人を知る

　認知症の人は、認知症と診断される頃には、生活するうえでのさまざまな不自由を感じており、自分のなかで何かが変わってきていることに気がついています。

　私たちは本人がどのような不自由を感じているのかが気になりますが、その前に、まずその人自身を知ることが大切です。

元気だった頃をイメージする

　どこでどのような暮らしをしてきたのか、どのような仕事をしてきたのか、家族はどのように支えてきたのかなど、元気だった頃の暮らしぶりを知ることが大切です。認知症によってできなくなった・わからなくなった今だけに着目するのではなく、元気で活躍していた頃のことに視点を向けたいものです。

今後のことを話し合う

　今、生活にどのような支障があるのか、そのことを本人はどのように感じているのか、そしてこれから先どのように暮らしたいと思っているのか、といったことが大切になります。それらを本人も含め家族と話し合うことで、現状を受け入れ、認知症による生活の困難さと向き合えるようになります。

　本人には受け入れ難い多くの課題が見えてくるかもしれません。そこで、本人を取り巻く家族や知人・友人、さらには地域包括支援センターなどの力も借りながら、これから先のことを考える必要があるでしょう。

　これからの生活について、本人も家族も、後悔のないように話し合うことが大切です。話しづらいことではあっても、本人なりに考えをもっています。家族が「今

59

はまだいい」と思っていると、症状が進行して会話が難しくなって、話し合うタイミングを逃してしまうことも多くあります。

　生活場面が変わるグループホームへの入居時を一つのきっかけとして、これからの希望、家庭生活で大切にしてきたこと、どのような時間を過ごしたいか、食べることについてのこだわり、食べられなくなったとき（終末期の対応）にどうしたいか、などを確認しておくとよいでしょう。

元気だった頃の暮らしの継続を目指す

　入居後は、元気だった頃の延長線上の生活を目指します。大切にしてきたものや人・空間のあり方など、本人の慣れ親しんだ居住空間づくりに努めます。

　その際には、「本人の意向を確認して物事を決める」ということを徹底することが大切です。認知症の人は「すぐ忘れるから」「聞いても返事がないから」などと決めつけず、答えやすいような聞き方を心がけなくてはなりません。

グループホームでの暮らしに慣れてもらう

　認知症の人は、淋しさや不安な気持ちが強くなると、「ここはどこ?」「どうしてここにいるの?」と言って、家に帰ろうとすることがあります。

　不安な様子が見られたら、ここがどこで、どうしてここにいるのか、家族は知っているのかなどについて、納得できるように話し合う必要があります。時には紙に書いて渡すこともあります。

場所になじんでいただくために、居室には表札をつけ、お気に入りの座席には名前を貼り、同じテーブルに一緒に座る人には、丁寧に紹介をします。また、隣や向かい側の居室の入居者と関係性をつくることも大切です。

私たちは、その人のできたこと・つまずいたことなどをしっかり記録し、本人が混乱をきたすことなく、暮らしを継続できるように支援します。これらをチーム全員が情報を共有し、同じようにかかわりもつことが大切です。

2 その人のホームとなるためのアプローチ

穏やかな導入　―事前の情報収集で生活の延長を

入居にあたっては、新たな物を買い揃えるより、使い慣れた家具や寝具、食器などを持ち込むことで、自分の居住空間として認識しやすくなります。使い慣れた物が多くあるということと、これまでの暮らしの継続という点でも有効です。

関係づくり

他の入居者にその人を紹介します。このときは、本人の了解を得たうえで、その人が得意だったこと・どこで暮らしていたか、これまでの生活の様子を伝えるとよいでしょう。

入居者同士の関係づくりは、仲良くなれそうな人・話が合いそうな人とペアリングを組めるように支援します。ずっと仲良くできる人と巡り合うと、「ここに来て、こんなにいい人たちに巡り合えて、友達ができてうれしい」とにこやかな日々を

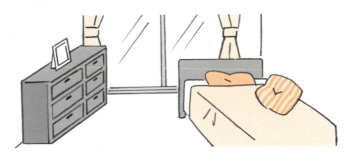

過ごせます。食事時の席を隣にして、食後の談話・散歩に出かけるなど、一緒に行動できることを目指します。

また、入居前に顔を合わせたことがあるスタッフが、入居時に出迎えると安心してもらえるでしょう。初めて顔を合わせる入居者には、スタッフから自己紹介をして、出勤するたびに挨拶に行くなど、自ら関係づくりをする必要があります。当然のことですが、「笑顔」を忘れないようにしたいものです。

マナーを忘れない

スタッフが入居者の部屋に入る際には、ノックをして許可を得てからドアを開けます。これは一般社会では常識ともいえることですが、介護場面ではそれができていないことがよく見受けられます。居室は本人のプライバシー空間であるということを忘れてはなりません。

本人の納得する感覚

グループホームへの入居にあたっては、「病院に行く」といったようなその場しのぎのごまかしの対応はやめましょう。本人は、「どこかに入れられる」「もう帰ってこられない」などの危機感があり、どうにもできない不安感にさいなまれています。

不安や心配に感じていること、家で暮らすことが難しくなった理由などを確認して、住まいをグループホームに移すことをじっくり話し合っていきます。このとき、大切にしたいことは何か、という本人の意向も確認します。

たとえば、整理整頓された清潔な部屋で生活したい、手作りのおいしい食事を食べたい、好きな時間帯にゆっくり入浴したい、こまごましたことに口出しされず、尊厳が守られた環境にいたいなどの声に耳を傾け、その人が心地よさを感じながら、他の入居者とともに暮らせるような支援をしていきたいものです。

グループホームの居室がその人の住まいだと考えると、介護に対する姿勢が

62

正されると思います。

なじみの環境になる

　その人にとってなじみの環境とは、使い慣れたもの・見慣れたものに囲まれながら、自分のペースでゆっくりと暮らせる居室や、仲の良い他の入居者とともに楽しく話したり、音楽を聴いたり、テレビを観たり、おいしいものを食べたりする居間です。

　入居者や職員が台所で何らかの作業をしており、居間に行けば誰かが自然に声をかけてくれる。そんな温かい雰囲気が出るとよいですね。

　また、グループホームの中では大きな声を出さずに、普通の声で話すことを心がけましょう。以前、こんなことがありました。台所に数人の職員が集まって談笑していると、何の話をしているかわからない入居者が、自分のことを話して笑っていると思い込み、「ここにはいられません。帰ります」と言い出したのです。

　本人の思いをくみ取り、穏やかに過ごせる空間づくりは、とても難しいものですが、とても大切なのだといえるでしょう。

4 代表的な認知症の理解

　認知症はさまざまな原因で起こりますが、ここでは、①アルツハイマー型認知症、②レビー小体型認知症、③前頭側頭型認知症、④血管性認知症という4つの認知症について説明します。

　①～③は脳の中に異常なたんぱく質がたまります。④は脳の血管に異常が起こっています。症状は病変部位によって異なります。

1 アルツハイマー型認知症

　アルツハイマー型認知症は、認知症のなかで最も多く、全体の半数以上を占めています。症状としては、「中核症状」と「行動・心理症状（BPSD）」に分けられます。

　中核症状は、脳細胞の障害が直接引き起こす症状で、記憶障害、見当識障害、実行機能障害、理解判断力障害などがあります。病気の進行に伴って症状が強くなり、治療によって改善することはありません。

　一方、認知症の行動・心理症状（BPSD）は、中核症状とせん妄以外の症状です。中核症状によって引き起こされ、環境の変化や人間関係が誘因となることもあります。

　脳細胞が萎縮していく病気であり、ゆっくり進行することから、最初は年のせいと考えられがちです。周囲の人たちが「何かおかしい」と気づく頃には、病気がかなり進行していることがあります。症状はゆっくりと進み、確実に進行するのが特徴です。

中核症状

①記憶障害

　長期記憶と短期記憶に分けられ、特に短期記憶障害が目立ちます。同じことを何度もたずねたり、同じものをたくさん買い込んだり、大事なものをしまってどこに置いたかわからなくなるなど、日常生活に支障をきたします。

＜対応＞

　もの忘れに対しては、メモを渡す・見えるところに記入して何度でも見られるようにする・大切なものをしまい込むことがあるので時々確認する、といったようにします。ただし、この対応は初期のみに有効です。

②見当識障害

　時間→場所→人の順にわからなくなります。時間や季節・自分のいる場所がわからなくなり、通い慣れた場所で道に迷うこともあります。進行すると、親しい人でも誰なのかがわからなくなっていきます。

＜対応＞

　カレンダーに予定を記録するようにすすめても、数字のもつ意味が理解できなければ、カレンダーの活用はできなくなります。シンボルマークの活用もよいでしょう。不安そうな表情で、きょろきょろしていたら、「一緒に行きましょう」と声をかけるとよいかもしれません。

③実行機能障害

　必要な道具や材料を揃えて順番に使うことができなくなります。料理を例にとると、①献立を考える、②人数分の食材を用意する、③ご飯を炊きながらおかずの用意をする、といった順序のある行為を計画的・効率的に行うことが困難になります。しかし、誰かと一緒に行えば、できることが増える可能性があります。

<対応>

　実行機能障害がある人については、一緒に行うとできます。

　例：就寝の準備で、部屋に行ってパジャマに着替えて、歯磨きをしようと言っても、怒ってコミュニケーションをとるのがますます難しくなる高齢女性。「一緒に行きましょう」と部屋に誘って、パジャマを見せ、「これに着替えましょう」と着替えを手伝い、その後、「歯磨きをしましょう」と行動を分けて支援すると、混乱せずにできます。一度にたくさんのことを考えることができないので、まずはその人のできることに視点を当てましょう。

④理解判断力障害

　食事をメニューの中から選ぶことができない、必要なものを買うことができない、考えて判断できない、といった状況になります。次のことがみられます。

　・考えるスピードがゆっくりとなる

　・同時に二つ以上のことを処理することが難しい

　・いつもと違う出来事が起きると混乱しやすい

グループホームケアの原点と基本の考え方 第1部

・目に見えないしくみが理解しづらい

<対応>

その人のわかる言葉で、一つひとつ行動を促すこと、一緒に行うことが大切になります。

2 レビー小体型認知症

レビー小体型認知症は、1976年に小阪憲司先生によって研究報告がなされ、1995年に国際診断基準が提唱された認知症です。パーキンソン病とよく似た病気ですが、パーキンソン病では、レビー小体と呼ばれる物質が脳幹中心に集まるのに対し、レビー小体型認知症の場合は、大脳皮質を中心に広範囲に及びます。

主な症状としては、認知機能の変動、パーキンソニズム、幻視、レム睡眠行動障害などがあります。

①認知機能の変動

1日のうちで、または数日のうちで、周期的に調子のよいときと悪いときがあります。悪いときは頭がボーッとして、身体の動きも悪くなります。この周期は人によって異なります。

<対応>

調子の悪いときは無理をせず、静かな環境の中でゆっくりと過ごし、見守ることが大切です。

②パーキンソニズム

パーキンソン病のような運動障害で、筋固縮、静止時振戦、姿勢反射障害、動作緩慢などがあります。

67

<対応>

歩行が安定になって恐怖心をもっていることを理解し、一緒に歩きましょう。また、方向転換が難しいため、後ろからは声をかけないようにします。小さな段差につまずくことがあるので、動線上につまずきそうなものがないように、整理整頓しましょう。

③幻視・錯視

実際にはないものが、本人にだけありありと見える現象で、出現頻度は人それぞれです。洋服をハンガーにかけておくと人がいるように見えたり、ケーブルコードが蛇に見えたりします。人によってさまざまな幻視が現れますが、本人の思いや体験を理解しようとすることで、症状の軽減につながることもあります。

<対応>

ケアする人が幻視を理解し、本人の訴えをゆっくりと聞くようにします。場所を変え、環境を整えて一人にしないように配慮するとよいでしょう。また、なぜ自分だけに幻視が見えるのかと、疑問に思っている場合などは、医師に医学的な説明をお願いするのもよいでしょう。

④レム睡眠行動障害

夜中に大きな声を出したり、手足を動かしたり、夢を見ながら行動し始めたりします。人によって行動はさまざまですが、けがをしないように見守ることが大切です。

<対応>

ぶつかってもけがをしないように、ベッドの柵にカバーをかけたり、周囲のものを整理したりしましょう。寝ぼけている状態のときには、声をかけたり身体をゆすったりせず、静かに見守ります。そして、明かりをつける、冷たい空気に触れるなど、自然に目が覚めるような工夫をするとよいでしょう。

グループホームケアの原点と基本の考え方 第1部

⑤その他の症状

　自律神経症状や、抗精神病薬に対する過敏性、過眠、姿勢反射障害、臭覚障害、失神または一過性の意識障害、繰り返す転倒、体系化された妄想など、アルツハイマー型認知症にはない症状があります。

　レビー小体型認知症は「全身の病」ともいわれています。正しい知識をもってケアにあたると、病気を理解することができ、また、医療との連携もとりやすくなります。

　そして、病気を理解し、よいケアを提供することで、症状はほとんど治まります。病気が治るわけではありませんが、穏やかに生活することは、誰もが望むことだと思います。

3 前頭側頭型認知症

　前頭側頭型認知症は、65歳以下の男性に多く発症します。記憶の障害は、初期にはみられませんが、社会のルールにそぐわない行動や衝動的な行動をとることがよくみられ、他者への配慮などがなくなりがちです。

　また、「同じ行為を繰り返す」（常同行動）などによって、集団のなかで他者と一緒に暮らすことが難しくなり、個別対応が必要となります。その際には、本人が興味関心のあることを中心にプログラムをつくるとよいでしょう。賑やかな場所では、たとえ興味関心のあることを用意しても、気が散ってしまうので、落ち着いて過ごせる環境とすることが大切です。興味関心のないことを無理に行っても、スタッフ・本人ともに傷つくことになります。

　前頭側頭型認知症の人への対応にあたっては、①環境が整っているか、②個別の対応ができるか、③スタッフがチームケアの素地をもっているかが大切です。

69

4 血管性認知症

脳梗塞や脳出血などの疾患によって起こる認知症です。よくみられる症状は、歩行障害（片麻痺）、嚥下障害、構音障害などですが、損傷のある部位によって症状は違ってきます。

また、症状の変動が激しく、比較的しっかりしているときと、よくないときの意識レベルの差があります。うつ傾向については、自覚していることが多くあります。また、涙もろくなったり、怒りっぽくなったり感情をコントロールできないときもあります。

血管性認知症は、先の3つの認知症のように、徐々に進行するわけではありません。脳血管の発作が起こるたびに、急激に機能が低下します。また、病気の発作を予防することによって、認知機能の低下を予防できることは、他の認知症と違うところです。

前述のとおり、血管の損傷部位によって症状はまちまちですが、高次脳機能障害と考えて対応するとわかりやすいかもしれません。

しかし、急激に病気が発症して障害になっていることから、障害を受け入れることができず、本人は周囲が想像できないほどに傷ついていると思われます。ゆっくりと本人の気持ちを受け入れながら、前向きに生きていけるように支援したいものです。

グループホームケアの原点と基本の考え方 第**1**部

5 認知症の人とのコミュニケーションの基本

■ 認知症の人との出会い

　認知症の人とのすべてのケアやかかわりは、対面することから始まります。私はあなたを脅かす存在ではない、あなたを大切に温かく見守る存在である、ということを伝えなければなりません。穏やかな対面は、その先にあるケアがよいものになる可能性を高めます。その方法を段階的に考えていきたいと思います。

■ まずは見える位置と距離へ

　認知症では、注意機能の低下がみられます。光や音、人の動きなどの複数の刺激があふれる環境のなかで話しかけられても、それが自分に対してなのか、さらに何を話しているかなどに注意を向けることが難しくなります。これを選択性注意機能の低下といいます。

　また、加齢の影響もあって、視野が狭まる視野狭窄が生じるため、背後や脇からの接近や声かけに気づくのが難しくなります。視野に入らないところから声をかけられても、本人は気づかないので、無視をしたり、突然職員が現れたかのように感じて驚いたりすることになります。

　そのため、本人の目の前でも、1メートル以内に近づき、存在を知らせることから会話を始めます。

会話のポイント
①ゆったりと穏やかに、波長を合わせる

　加齢に伴い、誰しも身体機能が低下します。そして、情報処理のスピードや直観的に反応することが苦手になります。これは流動性知能と呼ばれています。認知症の人は、脳の障害によってさらに苦手になることがわかっています。速い

71

ペースの会話にはついていけず、混乱や怯えを生じさせ、高く張りつめた声のトーンは緊張を招いてしまいます。

　動作も、声かけも、会話も、うなずきもすべて、その人のペースに合わせてゆったりと穏やかにしてみましょう。波長とペースを合わせるのです。

②待つこと

　ゆったり穏やかな波長に合わせるために、その人の動きをよく見て、言葉をよく聞くようにします。その際には、相手の動き、言葉を待つことが大切です。こちらから動き出すことで、相手が「急かされている」と感じ取ってしまうことがあるからです。

　その人が話し出そうとするとき、言葉が見つからずに戸惑っていても、こちらから先回りして話し出さず、待つことを心がけます。その人の自律的な動作、言葉を奪わないでください。そうしたかかわりは、その人の意欲を奪い、自尊心を低下させてしまいます。「待つこともケア」という認識をもちましょう。

③目線を合わせる

　相手の呼吸を感じてください。呼吸を合わせながら目線が合うのを待ちます。このときもやはり「待つこと」を意識すると、「自分を理解しようとしてくれている」と感じることにつながります。目線が合ったら、できるだけ親しみを込めた眼差しを向けます。言葉がなくても、アイコンタクトによって心が触れ合えるはずです。

グループホームケアの原点と基本の考え方 **第1部**

3 ともにある姿勢

　孤立し、一人でふさぎ込んでいる方がいます。しかし、初めからそうだったわけではなく、ふさぎ込んでしまうことには背景があります。たとえば、認知症と診断されたことによって、一人で外出する機会が減り、気兼ねなく話せる友人と会うことができなくなった、買い物をすることや公共交通機関を使うのが難しくなった、電話の操作がわからなくなり、友人と連絡をとれなくなった、などです。

　認知症によって、できていたことや人間関係をあきらめてしまい、それがふさぎ込んでいる姿として見られているのかもしれません。その方は、誰かがそばにいてくれることを求めています。その方のペースや想いに沿って、そばにいて手を握り話しかける。

　特別なことはしなくても、目線を合わせ、一緒にため息をついたり、呼吸を合わせたり、そんな時間を少しでもつくりましょう。それがその人の安心感、受容感などを育むことになります。たとえ、自分の中に閉じこもり、内を向いていたとしても、横に誰かがいて、ともにいるという姿勢をもち続ければ、刺激を送っていることになるのです。

　さらに、ほかの入居者とのかかわりを増やすためには、リビングの他に、皆が集まれる場所をつくる・増やす・変える工夫も必要です。

4 触れること

　やみくもに手を握ればよいということではありません。信頼できない人が突然手を握ってきたら、恐怖感すら覚えるでしょう。認知症の人は、より不快に思い、怯えてしまうこともあります。なぜなら、認知症の人は、記憶の分断があり、ただでさえ不安感に苛まれているからです。

　これまでに示した、目線を合わせ、呼吸を合わせ、ともにある姿勢が受け入れられてこそ、自然と手や肩に触れることができるようになります。ゆっくりと、そっと触れ、その人がリラックスして受け止めてくれるようならば、肩や背中にそっと

73

手を置きます。トン、トン、トンと穏やかに撫でるように叩き、ゆっくりとさすり、マッサージをし、肩を静かに抱く。こうした触れ合いは、関係を深めるために大切な技術です。

温度や刺激を感じやすいのは、手のひら、首元です。反対に、感じにくい箇所は、背中や足首です。情報は皮膚からも入ることを知っておきましょう。

5 伝え合うこと

メッセージを読む

その人の言葉や声、表情、小さなしぐさをあなたへのメッセージとして読み取ります。認知症によって不快さ、不安さ、寂しさなどの感情を明確な言葉にすることができなくても、表情やしぐさ、言葉にならない声に現れているものです。

認知症の人は、そうした感情を自覚しています。そのメッセージを受け止めることができないと、認知症の行動・心理症状（BPSD）として、暴力や暴言、介護への抵抗などが現れることがあります。

また、そうした感情を抱くとき、人それぞれに予兆となるサインを発することがあります。たとえば、空腹、眠気、孤独、脱水、便秘、疼痛など、その背景を知ることを心がけます。

メッセージを伝える

　ゆっくりと、穏やかに、低いトーンを忘れてはいけません。最初に何を伝えたいか、何について話すのかを伝えること。一つの会話は、長くなり過ぎないように、短めにします。

　また、一つの会話にはいくつもメッセージを詰め込まないように心がけます。たとえば、「自分の部屋はどこか?」と聞かれたとき、「Aさんの部屋は、一番奥だから、リビングの角まで行って、そこにある廊下を真っすぐ行くと、ドアが三つあるので、その三番目の部屋ですよ。ドアの色は黄色ですからね」と説明するのでは、情報量が多すぎます。まずは「お部屋の場所を説明しますね」と伝えたうえで、一つずつ説明していくことがよいでしょう。

　言葉は消えてしまう、目に見えないものです。できるだけ紙に書いたり、絵で示すなど、一緒に確認することを心がけましょう。

察する

　グループホームで暮らす認知症の人の多くは、食事や入浴、着替え、移動、排泄などの行為について、何らかの手助けが必要です。本人がこれらを行おうとする際、介護職が「まず〇〇をして、その後に△△をしてください」などと、手順を丁寧に一つずつ説明しても、理解するのは難しく、また、実際の動作のリズムも合いにくくなります。

　また、「自分でやりたい」「自分でできる」、または「申し訳ない」という思い

から、認知症の人が一人で行動を起こそうとすることがあります。このとき、手伝おうとすると怒ってしまったり、一人で行動して失敗したり、ともすれば事故につながってしまうこともあります。

空腹や便意、尿意などのサインに気づき、本人の想いやタイミングに合わせることができれば、たとえ言葉がなくても、自然な流れで、これらの行為を行えるようになるでしょう。

また、動き出しの部分を支えるだけで、あとはリズムが合えば、心地よい排泄につながり、お互いにとってスムーズな生活の流れをつくりやすくなります。たとえば、「よいしょ。イチ、ニ、イチ、ニ」というリズムや、歌を歌うことで移動や誘導が無理なくできているという場面をよく目にします。説明よりも、サインを読み、その雰囲気をその人が察することができる声かけが大切なのです。

6 尊重すること、称賛すること、ともに悲しむこと

認知症の人との出会い、その人をよく知ろうとするかかわりを通して、その人のできない部分ではなく、良い部分、できること、可能性を知ることができます。かかわりのなかで、そうした部分を発見して、すごいと感じたときは「すごい」と言い、面白いときには身体全体を使って一緒に笑い合うなど、かかわる職員は日常の生活以上に言葉や態度で表現することを心がけるようにします。

それによって、認知症の人が自己効力感や自己肯定感をもつことにつながり、聞いてくれる人がいる、ともにあるという感覚を得ることもできるのです。こうした経験の積み重ねによって、相互の信頼関係が少しずつつくられていきます。

かかわりのなかで、その人が大切なことを思い出せず悲しんだり、できていたことができなくなって落ち込んでしまったりすることがあります。こうしたとき、「本人が悲しむから」と、そのことがなかったように振る舞う行為は、必ずしも正しいとはいえません。

ケアの専門職は、ネガティブなことであろうと、認知症の人とともに、その感

情を分かち合うことが求められるのです。本人の本当の感情に寄り添い、本質的な人柄に触れる機会にもなるからです。当然ですが、間違いを諭したり、納得させようと議論したり、非難、叱責するという態度はNGです。

認知症の人の感情に寄り添うことは、スタッフにとっても忍耐のいるかかわりの方法です。疲労しているときに、認知症の人の否定的な感情を受け止め続けると、スタッフも無視をしたり、否定したり、話半分で聞いてしまうこともあるでしょう。

ゆえに、こうしたかかわりはスタッフ全員でチームとして取り組むことが大切です。一人のスタッフが抱え込まず、苦しいときにはほかのスタッフが対応する、そして楽しいときにもスタッフ全員で喜び、称賛することで、グループホームのケアの質は高まっていきます。

6 | グループホームで行うこと

◼ 中核症状へのケア

記憶の障害と支援

　記憶の障害の特徴は、直前の記憶が失われることです。本人は自分が話した記憶が薄らいでいるので、何度も同じことを聞いたり話したりします。一方で、支援者側は、「さっきも言った」「さっきも聞いた」となります。

　しかし、認知症の人にとっては、初めて聞くという体験を生きているので、「だから」とか「さっきも」といったような言葉は禁句になるのです。根気よく応じるしかありません。

　ただし、同じ人間がずっと対応することには限界もあります。そこで大切になるのは、認知症の人に残っている能力が活かせる支援を行うことです。記憶の障害があるといっても、残っている機能もあります。代表的なのは「手続き記憶」と「情動的記憶」です。

①手続き記憶にはたらきかける

　手続き記憶とは、簡単にいうと、身体で覚えた記憶のことです。こうした記憶は認知症が進行しても残るので、これをケアに活用していくことが大切です。たとえば、習慣としていた趣味活動や運動、買い物、調理、掃除、洗濯などといった家事全般、そして、庭仕事や畑仕事などの自然とかかわるような活動は、すべてではなくても一部であれば、進行していても行うことができます。

②情動的記憶にはたらきかける

　情動的記憶に気を配ることも大切です。情動的記憶とは、感情を伴った記憶のことです。感情を伴った出来事のほうが記憶されることがわかっています。

これは、記憶を司る海馬は認知症の影響を受けますが、そのすぐ横にある扁桃体は影響を受けにくいからです。楽しい・嬉しい記憶、反対に悲しい・つらい記憶もしっかりと残っています。そのため、ネガティブな声かけや声のトーン（強い口調・かん高い声など）で、しかも命令口調になると、認知症の人にとっては、感情を逆撫でするような記憶として残ります。

もし認知症の人が嫌なことを言われたら、言われたことは忘れても、そのときに抱いた嫌な感情は残ります。さらに、その言葉を言った人のことも覚えています。そして、嫌なことを言ったのが職員Aさんだとしたら、Aさんを「拒む」という態度になるでしょう。

このことを専門職は、「介護への抵抗」「介護拒否」などと表現します。しかし、情動的記憶のしくみを考えるならば、そもそも私たちの配慮のない態度や振る舞い、表情、言葉のかけ方、声のトーンなどに原因がある可能性があります。

見当識の障害と支援

見当識は、時間→場所→人の順に障害されるのが特徴です。認知症の人にとって、時間の見当識が失われると、今が何時なのかが曖昧になり、混乱します。場所の見当識が失われると、ここがどこなのかがわからなくなり、不安になります。そして、人の見当識が失われると、「隣に座っている人は誰?」と一緒に生活している家族までもわからなくなります。

①時間の見当識障害への対応

・時間をわかりやすくする

・規則正しい生活（暮らし）のリズムをともにつくる

・カレンダー（日めくりなど）を活用する

・会話の中にさりげなく時間や季節の話題を入れる

　【例】「もうすぐ3時になりますから、お茶にしましょうか」

・季節の食べ物や催し物をさりげなく取り入れる

②場所の見当識障害への対応

　自分の居場所がわかりやすいように、本人が今まで自宅で使っていたなじみ深い物を周囲に置いてみたり、住環境への配慮が大切です。

③人の見当識障害への対応

　家族のことがわからなくなったように見える場合でも、感覚的もしく精神的な部分でつながっているのではとないかと思える場面を何度も見てきました。つまり、本人にとって家族が一番安心する人なのです。

　また、民生委員やよく買い物をする店の店員、行きつけの理容室や美容室など、これまで本人が慣れ親しんだ地域の方々の力を借りるのもよいでしょう。

　そして、かかりつけ医や看護師、これからともに生活していく介護職などの専門職の力も大切です。特に、グループホームの職員としては、業務優先ではなく、まずは良好な人間関係を築くことに注力してほしいと思います。

実行機能障害と支援

　実行機能障害の特徴は、ある目的を達成するために、計画的・効率的に実行し、達成できなくなることをいいます。

> ── 例1 ──
> 　手を洗う際の手順を説明するとき、「蛇口を回して、手を洗って、タオルで拭いてください」と複数の要素を一度に言うと混乱してしまい、できることもできなくなる。

対応のポイント

一つずつ行為を区切って伝える

　まず、これから手を洗うことを伝えます。そして、「蛇口を回してください」→「手を洗ってください」→「石鹸をつけてください」→「石鹸を流してください」→「タオルです」(タオルを渡す) →「手を拭いてください」というように、一つずつ行為を区切って伝えることで理解がしやすくなります。

> **例2**
> 食べ物や飲み物を出されても、食べ方や飲み方がわからない。

対応のポイント

モデリングまたはミラーリングを用いる

　職員が見本となって行う動作を示すことを「モデリング」、本人と正面から向き合い、鏡(ミラー)のように相手の動きを真似することを「ミラーリング」といいます。

　食事や飲み物を飲む際には、職員は真正面に座ります。相手の食べ方やスピードに応じるように配慮して、一緒に食べたり飲んだりします。すると、職員の食べ方を見ながら、自ら食べたり飲んだりすることができるようになります。

思考力や判断力の障害と支援

思考力や判断力の障害は、多くの情報を処理することが難しくなるのが特徴です。認知症の人は、選択肢が多すぎると何を選べばよいかがわからなくなるので、2~3つ程度のなかから選んでもらうのがよいでしょう。

声のかけ方としては、「何がよいですか?」よりも「どちらがよいですか?」としたほうが混乱せずに選ぶことができます。

中核となる症状の支援を考える際に大切なのは、認知症の人にとって、これらのうち何がその人に影響しているかを見極める（アセスメントする）ことです。それが本人の困りごとに対するピンポイントの支援につながり、認知症の人の自尊心は高められます。さらには、限りなくBPSDの出現率を低下させることもできます。

中核となる症状があっても丁寧にケアするためには、やはりケア環境が大切です。そこで生まれたのがグループホームです。グループホームは今でも、「認知症ケアの切り札」「認知症の救世主」といわれています。

これは、認知症の人がこれまで生活していた環境や暮らしそのものが再現されているからです。ケアに適した環境をつくることが最優先にしなくてはなりません。ケアにふさわしい環境とは、スタッフと認知症の人が良好な関係のなかで過ごすことだといえるでしょう。

2 生活を再びつくるケア

暮らしの主体者は誰なのか

介護を受ける対象者になった時点で、考えることやできることを奪われ、本来もっている力を発揮できなくなり、「何もできない人」にさせられてしまいがちです。しかし、認知能力は少しずつ低下していくものの、生きる力・生きようとする力は、人間が本来もっている変わらない底力です。

すべての原点は、「人はどんな状態になっても、個々の暮らしの主体者であり、

自己決定権をもつかけがえのない一人の人である」ということです。スタッフは「してもらった」「してあげた」の上下関係（守るケア）をつくらず、ともに暮らす生活のパートナー（ともに生きるケア）として、「ともにあるケア」や「ケアされるケア」を大切にすることが必要です。

認知症の人が底力を発揮するためには、本人を中心に据えて（パーソン・センタードケア）、適切なサポートを行いながら、再体験を通して、生活を再構築（生活を再びつくるケア）することが求められます。本人は、ありのままの自分の言葉や姿を見て、できることや希望、本音を聞いてほしいと思っています。

支援の3つのポイント

①五感の刺激

人は生きるために、能力の低下した部分を意識的あるいは無意識に補おうとします。たとえば、視覚に障害をもった場合、聴覚を研ぎすまし、音や声などから状況や雰囲気を読み取るようになります。

認知症の人は、記憶力や認知力が低下していても、それを補う五感がとても豊かです。認知症の人の生活をよりよくするためには、あらゆる場面で心身に心地良く、かつ適度な五感の刺激が必要とされます。

②モデリング

認知症の人の特徴として、記憶障害により短期記憶を保持するのは難しくなりますが、すべての記憶が失われるわけではありません。長年培ってきた長期記憶（特に手続き記憶）は、冷凍庫の中で閉じ込められて眠っ

調理のモデリングの例

ているような状態ですが、記憶としてたしかに生きています。

　認知症の人は、一つひとつの行為はできても、一連の行動としてはうまくいかず、生活のなかでさまざまな困難さが生じている生活障害の状態です。つまり、個々の背景に沿った生活環境や人間関係を整えながら、行為の隙間をつなぐ生活のリハビリを行うことが認知症ケアの基本となります。

　認知症によって行為を忘れても、スタッフがモデルになって真似をすると、自然に身体が動いて行為に結び付くことがあります。モデリングは、言葉や行為の意味や動きを忘れていても、自然に潜在化していた行為を引き出すとても有効なケアの手段です。

③回想法

　認知症の非薬物療法の一つで、昔の記憶を話すことにより脳に刺激を与える方法です。短期記憶は障害を受けますが、長期記憶は保たれていて、昔のことはよく覚えています。昔のことを思い出すためのアタッチメント（愛着のあるもの）として、思い出の写真や音楽、昔の仕事に関係するもの、着物や飾り、装飾品、食べ物など、本人の人生にとって意味のあるものが効果的です。

　スタッフは話を傾聴する立場になり、本人が話しやすい環境と雰囲気のなかで、聞き方としてサポートします（聞き上手）。お花の先生としてたくさんの生徒に教えていたこと、庭に大きな柿の木があって兄弟で柿もぎをしたこと、猫を飼っていて一緒に寝たこと等、そのときのことを再現するかのように、鮮明に生き生きと話してくれます。

　本人がよく口にすることやこだわりは、記憶に残っていることが多く、大事なキーワードです。ただし、よかった記憶だけでなく、嫌な記憶も残っていることがあります。昔の話をするなかで、潜在的に眠っていた記憶が突然蘇り、混乱を起こすこともあります。たとえば、戦争の話で怖い記憶が蘇り、その後、ちょっとしたことで戦争モードにスイッチが入り、興奮した状態になる人がいました。

グループホームケアの原点と基本の考え方 **第1部**

　最後には、話を聞いてもらった満足感、認められた自己肯定感などによって、穏やかな気持ちで終われるようにしたいものです。個々の背景や生活歴、時代性などさまざまな要因をもとに、深い関心とやさしい眼差しで接する過程を通して信頼関係（ラポール）が育ち、本人が何をしたいのか何を望むのか自然に感じられるようになります。すべての答えは認知症の本人がもっているのです。

3 役割をつくること

長年の経験を活かす

　認知症の人からよく聞く言葉があります。それは、「何もすることがない」「何を糧に生きていいかわからない」「自分のことを馬鹿にしている」「叱られる」「邪魔にされる」「世話になってばかりで悪い」等です。嘆きとも怒りともいえないつらい表情が印象的で、話を聞いている側もとてもつらい気持ちになります。

　認知症になったからといって、周りが役割を取り上げてしまうと、本人ができることはどんどん減ってしまいます。

　個々によって違いはありますが、多くの人が誰かの役に立ちたいという気持ちがあります。特に、今までの生活のなかで体験してきた役割には、自信と誇りをもっています。

　長年食事づくりにかかわってきた人は、その経験で培った包丁さばきが素晴らしく、柿の皮むきも短時間に見事にやってのけます。魚の行商や漁師だった人は、大きな魚の三枚おろしを綺麗に仕上げます。掃除機は使えなくても、ほうきやはたきで丁寧に掃除をすることができます。歩行が不安定な人でも、いったん畑に行って鍬をもつと、腰がシャキッと伸びて力強く畑を耕してくれます。

残っている力を引き出す

　認知症の人の能力を0か1、つまり「できる」か「できないか」という二択で見ていませんか。一つでもできないと、「何もできない」と決めつけて、まだ

85

たくさん残っている力を奪ってしまいがちです。

　底力を引き出すためには、本人の特徴、癖、自慢、職業、表出しているシグナル（行動・会話・表情）に注視し、その人の理解を深めることが大切です。どんな環境で声かけをするか、どんなアタッチメント（愛着のあるもの）を使うかも、本人の力の発揮には欠かせない重要な鍵となります。そのリソースを生活のなかにさりげなく仕込み、大切な役割として固定化していきます。

手続き記憶にはたらきかける

　作業を高齢者の仲間と協働で行うことで仲間意識が高まり、モチベーションがアップします。これをグルーピングといいます。助け合う時代を生きてきた人たちにとって、仲間との絆は、次の行動に発展する原動力になります。

　ただし、認知症の人が物事を理解し、行動するためには、通常より大きなエネルギーが必要です。疲れてくると認知機能が低下し、もの忘れが強くなったり、行動がスムーズにいかなくなったりすることが多くあります。

　役割活動は、精神的に安定して集中できる明るい日中帯かつ短時間で行うと、より効果的です。注意しなければならないのは、役割は、人から与えられるものではないということです。あくまでも、本人がやりたいこと（やりたいと思えること）が大切です。

長く携わってきた仕事で役割を発揮する

グループホームケアの原点と基本の考え方 第1部

　その手がかりとなるのが背景や生活歴です。長く携わってきた仕事や役割は、記憶を呼び戻し、生活を再編成するための重要な道具です。特に、長期記憶のなかでも、経験の積み重ねによってつくってきた手続き記憶が鍵となります。

こだわりをケアに活かす

　こだわりが強く、同じことを何回も繰り返す言動があると、「困難事例」としてとらえるスタッフもいますが、逆にこれはケアに活かせる大事な要素です。こだわりを活かして生活を再編することで、成功体験が増え、アクティビティな日常をつくることができます。

　認知症が最重度で全介助での生活を送っていた人がいます。昔は夫の仕事柄、来客が多く、小まめに掃除する綺麗好きな人でした。ゴミと認知できるよう新聞紙を小さくして部屋に置き、ほうきを持ってもらうと、部屋の床を掃き始めました。まさしく凍っていた手続き記憶が蘇った瞬間です。自室から廊下へと本人の想いのままに掃除をして、周りから「ありがとう。助かります」と感謝の声をかけられると、「いつでも言ってちょうだい」という優しさに満ちた言葉が返ってきました。どんなに重度になっても失われない感性です。

　「ケアされるケア（スタッフを助ける）」を意識した実践は、人が本来もっている役に立ちたいという心を触発し、自信と誇りを取り戻す大きな力になります。

掃除や洗濯は身近な生活のなかの役割に

87

4 社会交流を再び

周囲とのかかわりをつなぐ

　人は誰かと話したり、買い物に行ったり、趣味活動や地域活動（地域の防災訓練・掃除・お祭り・寄り合いなど）などに参加することによって、何らかの形で人や社会とつながって生活しています。この誰かとつながっている安心感が穏やかな日常を紡いでいるといえます。

　しかし、認知症になるとうまく話すことができなくなり、対人関係が悪くなったり疎遠になったりして、社会交流も難しくなります。地域のゲートボールグループに参加していた人が、コミュニケーションがうまくとれなくなった途端、活動から外されたというケースもあります。

　このように、社会とつながる機会が失われると、意欲の喪失や引きこもりになることが多くなります。他者から無視され、誰からも認めてもらえない孤独感は、とてもつらいものです。

　しかし、認知症になってもすべてを失ったわけではありません。今までどおりスムーズに行うのは難しいかもしれませんが、スタッフが周囲の人とのかかわりをつなぐ仲立ちをすることで、社会活動や交流の再構築が可能となります。

　また、同じ住民として自然体で地域の行事や活動（区民祭りでの歌の披露、夏祭りや運動会への参加、幼稚園との交流など）に積極的に参加し、地域住

夏祭りなどで地域との交流を図る

民としてともに生きる関係を大切にしています。認知症になっても社会の一員として、自分らしく当たり前の生活を送りたいものです。

認知症の人がスタッフに望むのは、困っていることだけではなく、希望も聞いてほしいということです。昔の生活をすべて取り戻すことは難しいかもしれませんが、まず何をしたいか本人の声を聞きながら、徐々に進めていくことが大切です。

迷いながら選ぶ

買い物には、店に出かける→品物を選ぶ→お金を出して支払う→買った物を袋に入れる→帰宅する、という一連の行為があります。本人のペースに合わせて待つ姿勢をもちながら、この流れのなかでできない部分のみをサポートします。自分で買い物ができれば、喜びや充足感が得られるはずです。

仲間と相談しながら、新鮮な野菜を選んだり好きなおやつを選んだりする姿は、生き生きとしています。洋服屋で自分の服を選ぶときも真剣です。自分の持っているお金や予算を考えながら選んでいきます。外食時も同様に、自分の好きなものを迷いながら選びます。認知症の人にとって迷うことは大切な権利です。

5 趣味活動をつくる

夢中になれる時間の大切さ

趣味は人によって千差万別です。高揚感と満足感が得られる大切な時間を過ごすことで、やりがいや誇りをもつことができます。

また、さらに腕を磨きたいという自己実現欲求は、生活に張りを生みます。楽しいことはストレスを軽減し、心身によい影響を与えます。逆に、周りの人の価値観を押しつけるとストレスになり、苦痛を感じます。その活動が本人の背景や生活歴、今の思いに沿っているのか、きちんと見極めていくことが大切です。

今まで趣味ではなかったことでも、新しい環境で、他の人が活動しているのを見て触発され、実際に参加して喜びを感じることもあります。誰もが新しい可能

性をもっているのです。

配慮すべきこと

　ただし、スタッフとして配慮が必要な点があります。集中するあまり、時間を忘れて没頭した結果、強い疲労感が残ることです。常に本人の状態をしっかり観察し、終了したときに心地よい疲れになるように、適度な活動量と休息のバランスをとることが求められます。

活動のエピソード

　以前、生け花の師匠を長く務めていた人がいました。しかし、認知症になり自信がなくなり、活動から遠ざかっていました。ある日、花屋の前を通りかかったとき、たくさんの花を目にすると、輝く笑顔で、弟子に活け花を教えていた頃の話を始めたのです。昔の記憶が鮮やかに蘇った瞬間です。

　ホームに帰宅後、本人の剪定鋏を渡すと、「あ、これ私の」と積極的にかかわり、見事な活け花を仕上げたのです。周りの人から賞賛の拍手が出たとき、表情や姿には自信がみなぎっているようでした。

　また、長年愛用のハーモニカを吹いて皆を楽しませてくれたり、書道が得意でホームの看板を書いてくれる人もいます。水彩画を描いて福祉展覧会に応募

趣味活動は夢中になれる時間

して賞をとった人、庭作りが好きでホームの自室の前に小さな箱庭を作った人など、趣味・特技は多種多様ですが、個々の生活のなかでリズムをつくり、心に潤いをもたらしてくれます。

　そのためには、背景や生活歴の把握と、焦らず慌てず、やる気のスイッチを押すタイミングを逃さない支援が求められます。

6 セレモニー行為をつくる

生活にリズムと張りをもたらす

　人は、長年の人生のなかでセレモニー行為が位置づいてきます。それは、地域性や時代、家庭環境の影響を受けながら育まれてきたものです。日、月、年という単位で、決まりごとであるセレモニーを日常的に繰り返すことによって、精神的に安らぎや満足感を得ることができます。習慣として定着すると、生活にリズムと張りが生まれてきます。そのために必要なのが、記憶や体験を引き出すためのアタッチメント（愛着のあるもの）や五感に訴える環境です。

エピソード

　夫の死後独居となった花子さん（仮名）は、認知症の進行により、昼夜問わず外出して、警察に保護されました。ホームに入ってからも同じ行動が続きました。家族からの聞き取りで、夫の死後、毎日仏壇の世話を欠かさなかったということがわかりました。

　記憶を蘇らせるための環境として、居室に自宅の仏壇を設置し、花を飾り、毎朝、お茶・水・ご飯と少しのお菓子を供える行為をサポートしました。最初は一緒に行いながらセレモニーの定着を図り、徐々に夫と向かい合う大切な時間を過ごすことで、本来の姿である穏やかで優しい表情を取り戻しました。

季節の行事を大切にする

　このケースのように、信仰は個々のこだわりとして特に行動に影響します。信仰によるセレモニーは、一人ひとり違います。キリスト教信者の人は、家族と一緒に毎週日曜日の礼拝に参加するのが習慣でした。朝食後や1日の中で不安になる時間帯に、大好きな讃美歌を聞いたり歌ったりすることで、心穏やかな日常を担保できています。

　また、儀式としての季節の行事も大切です。行事は時代とともに変化しますが、認知症の人がどんな時代を、どんな風習のある地域で過ごしてきたのかを深く知ることが必要です。お祭りのおはやしの音や飾り物を見ると血が騒ぐという人がいます。それは認知症が重度になっても同じです。聞き慣れた音楽やおはやしが流れると、身体が自然と動いている姿を見ます。

　体験したのが幼少期であっても、そのときの感動や心地よさはしっかりと心に刻まれています。その人に合った適切なアタッチメント（愛情のあるもの）や場の提供によって、昔の楽しい体験をすることができます。年間行事のなかで節目となるお盆（迎え火・送り火・お墓参り）、年末の餅つき、初詣など人生のメリハリとなるセレモニー行為は生きる力となります。

信仰によるセレモニー

7 エレガンス行為をつくる

認知機能の低下で整容が難しくなる

　人は身ぎれいにして日々の生活を過ごしたいと思っていますが、認知症になると、それがうまくいかなくなることがあります。認知機能の低下によりやり方がわから

なくなり、行為の継続が難しくなるからです。

　以前は身なりや髪を整え、化粧するなど身ぎれいにしていた人が、徐々に身なりに構わなくなり、印象が変わってしまうことが多くあります。徐々にきれいにすることへの興味・関心がなくなり、なかには、入浴や洗髪を何年間も行っていない人がいます。

適切な環境とアタッチメントを整える

　整容に対しての価値観や思いは人それぞれです。特に価値観は、生まれてからの生活環境や周囲との関係性、時代の中で培われ、また状況により変わっていきます。本人が長年培った思いや習慣は、適切なサポートによって取り戻すことができます。そのために必要なのが、記憶のなかに眠っている心の琴線に触れる環境と、自分の慣れ親しんだアタッチメント（愛着のあるものや行為、人）です。

　昔はお客を接待する機会が多く、常に身ぎれいにしていた主婦の方は、重度の認知症によって、ブラシは使えませんが、長く愛用していたツゲの櫛を持つと、自然に身体が動き、丁寧に髪を整えることができます。

　ある男性は、電気カミソリは使えませんが、昔ながらの剃刀を上手に使って髭を整えることができます。

化粧の際に配慮すべきこと

　化粧をする際には鏡を用意する配慮が必要です。

　本人が鏡を見ながら、自分がきれいになっていく過程を確認することで、喜びと満足感が大きくなります。化粧という行為によって心が華やぎ、他の面にも好影響が出てくることを期待できます。

　髪型や服装も同じです。ホームに入ると、皆が短く散髪し、本人らしさが失われる傾向にあります。通い慣れた美容室を利用したり、訪問理容でも本人らしい髪形を注文する等、あくまでも個人のこだわりを大切にしたいものです。

また、服は全身をコーディネートするその人らしさの表現方法です。認知症になると、以前は着物やスカートの着用が多かった人が、常にズボンのスタイルになったり、色も紺など暗めのものに変化しがちです。しかし、これはスタッフの先入観や利便性を重視した結果です。

　長く着物を愛用していた人は、一部のサポートが必要とはいえ、器用に最後まで着物を着つけることができます。手続き記憶によって、着物を着る行為が担保されているからです。着終えた姿は背筋が伸び、きりっとした表情になる人や、喜びで弾けるような笑顔になる人がいます。自信と誇りを取り戻せる瞬間です。

　好きな色合いや形態を着用することで、自分らしく過ごせるようになり、心の穏やかさと生活の安定がもたらされます。

　認知症になると年齢が逆行し、実年齢より若い時代を生きている人もいます。本人はどんな色が好きか、どんな生活スタイルだったかなど、細かく具体的に聴き取りや様子観察をして、快適に過ごせるよう支援したいものです。

鏡を見ながら化粧をする

8 リラゼーションをつくる

本人視点でどんなときが落ち着くかを考える

　ケアの基本の一つとして大切なのは、リラゼーションの状態をつくり出すことです。どのようなときが一番落ち着くか、そのときの気分はどんなものかを考えて、本人視点で考えてみます。リラゼーションの状態になると、ゆったり、楽しく、気持ちが明るくなり、行動も広がっていきます。たとえば、昔から続いていること、季節ごとの行事（お正月、お祭りなど）、自然との触れ合い、お茶を飲みなが

らのおしゃべりなどがあります。

四季折々の変化を取り入れる

　人は、緊張している時間が長いと大きなストレスがたまり、それを避けるために自己防衛がはたらき、本能的にリラクゼーションの機会を探します。しかし、認知症の人は自分で対応することが苦手になっています。スタッフはそのことを素早く察知し、その機会を適切に提供する必要があります。

　また、自然との触れ合いも季節、地域などによりさまざまな変化があります。一人ひとりの思い出もさまざまであることを理解したうえで、どのように機会をつくるかも大切です。

　何がその人にとって効果があるかを観察し、提供する場をつくり出します。四季折々の変化は、多くのリラクゼーションの場をつくることができます。季節の変化は長い間の生活で身体にしみこんでおり、自然と対応や柔軟な変化がみられます。その変化を観察し、それぞれの人に合った対応を考えることが大切です。

リラックス状態は自分でつくり出すもの

　その時々の状況により、臨機応変に準備したものを提供することによって、機会は大きく広がります。その時々の状態を確認して、さりげなくリラクゼーションの場を提供します。

　リラクゼーションは、その人の背景、地域、季節、趣味、健康状態などに大きく左右されますが、さまざまなリラックスできる機会を提供することで、認知症の人が自分で最適と思う場に参加するようになり、自然と落ち着いた生活の一部を取り戻せます。

　リラクゼーションは、認知症が重度になっても有効です。たとえば、好きな音楽を聴く（好きなジャンルや曲、讃美歌など）、静かな環境でゆったりと過ごす、窓からゆっくり沈む夕日を眺める、深呼吸をする、山や海などの自然に触れる、

温泉に入るなど、本人に合ったリラクゼーションを考えたいものです。

足湯　　　　　　　　　　　外を眺める

9 生き物との触れ合いをつくる

　動物と触れ合うことで、過去のエピソードが拡大されることが多くみられます。認知症の人の原体験を再現させることにより、優しさや愛しむ心、世話をしていたことの記憶等が再生され、現在の生活を前向きにします。また、コミュニケーションをとるうえでも重要な要素となります。
　そのためには、本人や家族からの情報をもとに、背景や生活歴を深く知ることが必要です。家族にとっては些細なことでも、本人にとって大切な情報になる場合があるので、しっかりと聞き取ります。

まるでわが子に接するように
　あるホームの隣に住む高齢者夫婦が、家の外で犬を飼っていました。数人の利用者は、毎日その犬に会いに行き、話しかけるのを日課としていました。ホームに戻ってからは、わが子のことのように、犬の様子について語り合います。そのことで、皆が明るくなったり心配をしたりと生きがいの一つになっていました。
　高齢者夫婦が旅行するときには、ホームで犬を預かり世話をしていました。まるでわが子のように常に声をかけ、食事のときには、自分のおかずの魚などを

食べさせていました。日中は数人が交代で膝に乗せて抱っこをしたり、昼寝のときに添い寝をしたりしていました。

ペットが支援者の役割を果たす

若年性認知症の人のケースです。妻がパートで仕事に出ている間は、外出すると迷ってしまう可能性が高いため、家の中で過ごしています。

少しでもストレスを緩和したいと思って始めたのが、犬の散歩です。最初は妻がサポートし、安全に行えると判断してから、夫だけで散歩をするようにしました。散歩によって、他者との交流や会話の機会が増え、孤独感の軽減、社会とかかわりをもつことにつながりました。ペットの犬が、私たち支援者一人以上の力を発揮し、スタッフのような役割を果たしてくれたことになります。

犬との触れ合い

10 物理的・人的な環境をつくる

刺激に敏感になる

人は生まれてから、さまざまな環境のなかで、自分の対応力を活かしながら生活しています。しかし、認知症になると脳機能(認知機能・記憶・見当識・実行機能など)の障害により、日常生活に支障をきたします。

一方で、認知症の人は五感が豊かで、刺激(音・光・味・におい・寒暖、住まい・器具・物品など)に対して敏感です。そのため環境に左右されることが多くなります。特に、なじみのない場所や大型施設(スーパー・お祭り会場等)などの人の声が飛び交う場では、ペースの速い会話や動きに対応することが難

しくなります。

　なじみのない環境では、自分が置かれている状況の把握も難しく、不安が募るばかりです。認知症の人が安心して力を発揮できる環境は、落ち着いて過ごせる場所と時間です。また、その日そのときの気分によって、過ごしたい場や時間が異なることにも配慮が必要です。

力を活かす環境をつくる

　もっている力を活かす（自立支援）ためには、中核症状にアプローチする環境（しかけとケア）が求められます。物理的環境として、認識できる道具や場を単純化し、整備します。本人にとってなじみのしつらえや、見やすくわかりやすい表示が必要です。

　季節や日にち、時間がわからなくなると、何をすればよいかがわからず、不安な気持ちになります。そのため、見当識の強化（カレンダーや時計、季節がわかる工夫、トイレの表示、本人にわかる言葉を使う、文字の大きさ、表示の高さ）を行います。具体的な手段や道具は、個々に寄り添うことが大切です。特に行為の押しつけにならないよう、感性や心にさりげなくはたらきかける環境をつくるために、行動の習慣や癖などにも配慮します。

　逆に見間違うことで混乱しやすいしつらえ（床、壁、天井、窓、ドア、カーテン、テーブル、椅子等）や不適切な五感の刺激（色、光、音、におい、寒暖、味、痛み、手触り等）は、せん妄や転倒などのリスクを高めます。

　夕方になると激しいせん妄が起こり、居室のガラス戸の鍵を壊す人がいました。ある日には、「○○、早く早く！」と叫びながら、鍵を力いっぱい引っ張っていました。強い西日が窓に反射し、息子の姿が映っているように見えたのです。このときは、窓にすだれをかけて西日を予防すると、せん妄が治まりました。鏡や窓などに強い光が反射すると、混乱の原因になるので、注意が必要です。

人的環境も心理面に大きく影響する

　人的環境もとても重要です。認知症の人は、コミュニケーションがうまくとれないため、関係性の障害をもっています。視線（瞳と瞳）を合わせ、認知症の人が理解しやすいように言葉を単純化して、必要な言葉を結論から短く伝えるようにします。

　重度になって失語が出てきたら、非言語的コミュニケーション（身振り・手振りなど）がより大切になります。人は相手を納得させようとすると、早口でたたみかける口調になりがちですが、これでは、相手に伝わらないだけでなく、かえって混乱させてしまいます。

　たとえば、「5日間もお風呂に入っていないから、汚いと大変だから、お風呂にしましょう」という声かけは、まず「理由」を2つ述べてから、結論を伝えています。

　こうした場合、単純に「お風呂ですよ」だけでいいのです。できるようになるための環境整備と、さりげないはたらきかけ・支援（黒子的な支援）を両輪として考えることが大切です。本人がわかる馴染みの環境を継続するとともに、できる・わかることを増やし、自立を助けながら、安全・快適に過ごせる環境づくりを心がけたいものです。

日常を感じる環境

第3章 日々の暮らしと グループホームケア

1 | 生活リズムの調整と把握

一人の時間の流れとグループホーム全体の時間の流れ

　グループホームでは「家庭的な生活」の流れをいつも意識しなければなりません。「施設の決まりだから」「集団生活だから」というスタッフ側の「あきらめ」をつくらず、利用者一人ひとりの時間の流れ、リズムに、私たち専門職が合わせていきます。

　本人の想いや望む生活リズムとスタッフのかかわり方がシンクロしたとき、グループホームの時間が一時的に止まったような感覚を覚えることがあります。これを感じ取ることがとても大切です。

　しかし、認知症の人は、その人が望ましいと感じる生活の流れやリズムを自分で調整することが難しく、意図せず乱れてしまうことがあります。そのため、スタッフ側が認知症の人に合わせ、同時にその人のリズムの調整を少しずつしていくはたらきかけが必要です。

　一人ひとりの生活リズムを調整しつつ、並行してグループホーム全体の時間の流れもつくることを意識しなければならないところが、スタッフが難しさを感じる部分です。

　大規模な入所施設では、生活の基本となる食事・入浴・排泄に費やされる時間が多く、生活の豊かさをつくる時間が少なくなりがちです。しかし、専門職であるスタッフは、時間がないことを理由に、生活の豊かさをあきらめるのではなく、まずは食事・入浴・排泄をできるだけ、その人のペースで行うようにする

ことから始めます。

こうした一つひとつの生活行為の豊かさを高め、保つことが、生活全体の豊かさにつながっていきます。そして、身だしなみを整える時間、宗教や亡くなった方へのセレモニーの時間、または何もしないリラックスした時間をつくっていくことで、さらに豊かさの幅は広がり、グループホームケアの質は高まりますし、その人の人生の質も高まっていきます。

生活リズムを調整するケアの方法

人には体内時計が備わっています。体温やホルモン分泌、睡眠・覚醒など人の健康や成長を保つ機能は、ある程度一定のリズムを刻んでいて、これを概日リズム（サーカディアンリズム）といいます。

この概日リズムの司令塔は、脳の奥深く、両目の網膜から大脳へと延びる場所（視交叉上核）にあります。概日リズムは、加齢の影響も受けることがわかっていて、高齢になると睡眠・覚醒リズムが変化し、朝早く目が覚めたり夜間に眠りが浅く何度も目覚めたり、眠れなくなったり、夕方になると早い時間から眠くなったりすることがあります（図3）。

高齢になると、夕方のこうした時間にせん妄のような状態になることもあります。認知症であればより顕著に現れます。また、認知症になると概日リズムの障害が引き金になり、夜中に覚醒し、昼夜逆転が生じ、見当識障害などが交わることで、さらに混乱し興奮したり、せん妄状態を引き起こしたりすることがあります。

これらは、日中の活動量の低下や薬の副作用、自宅ではないことの不安感、加齢の影響などの複合的な要因により引き起こされています。ケアの基本としてまず行いたいことは、生活リズムを見直すことです。

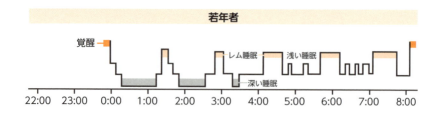

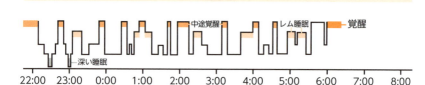

図3　若年者と高齢者の睡眠の比較
出典：厚生労働省e-ヘルスネット（https://www.e-healthnet.mhlw.go.jp/information/heart/k-02-004.html）

生活リズムの調整

　最初にグループホームに入居してからの、その人の睡眠と目覚め、食事、排尿、排便の時間とパターンを確認します。そのうえで、入居前の自宅や別の施設などでの生活リズムと比較し、パターンや頻度、環境の違いを把握しましょう。

　その際、それぞれの活動や行為の時間をバラバラに「点」で把握しようとするのではなく、相互に関連している「線」として見るようにします。たとえば、食後何分くらいでトイレに行く、何時に寝たときは何時に起きるなどです。

　これらのリズムの背景には、活動と休息のバランスが大きく関係しているので、1日の総活動時間だけではなく、1週間の総活動時間も把握する必要があります。健康な若い人であれば1日の周期ですが、高齢者の場合、2～3日の周期を1つの周期としてみていく必要があります。場合によっては、さらに長い期間でみていかなければならない人もいます。高齢者の中には、2日寝て2日起きているという人もいます。同じように、排泄や食事のリズムも変化が起こるので、1日

のリズムだけで判断せず、周期の幅を広げてリズムを観察してみることが大切です。

概日リズムを障害する要因の除去

概日リズムの乱れに対して、安易に医師に薬の処方を求め、それだけで解決しようとしないでください。本当の原因がわからくなるおそれがあります。日中の活動や外出と睡眠のバランスのリズム、食事や排泄のリズムやタイミングが崩れていないか、環境から過剰なストレスを受けていないか、職員とその人のかかわりがずれていないかを観察してみましょう。

その際には、1日の流れやリズムだけではなく、2～3日を総合的に観察し、判断しなくてはなりません。また、薬剤の副作用やその人に合わない薬剤ではないか等の確認も必要です。これらのデータをもとにして、医師と相談し、日常生活全般のリズムや薬剤の処方のあり方について調整し、方針を決める必要があります。

本来のリズムを取り戻す

認知症があっても可能なかぎりその人の自由な過ごし方を尊重できることが、大規模施設にはないグループホームの強みです。「集団生活だから」という理由で、グループホーム側の生活リズムを強要することや、あきらめを促そうとすることは極力避けなければなりません。

とはいえ、本人の生活リズムが崩れ不調をきたし、昼夜が逆転し、混乱することがないようにすることも、職員の役目です。本来のその人の姿を取り戻せるように、生活リズムを本人も納得したうえで調整していくことが必要です。もっとも基本となるのは、衣食住、活動と休息のバランス（健康維持や増進される）がとれた、日常リズムを自然な形でつくり出すことです。

心地よい疲労感を伴った適度な活動が、良質な睡眠を創り出し、翌日の穏や

かで活力ある活動につながっていきます。いくらその人が楽しみにしている活動であっても、刺激や活動量が過多であると、夕方以降の不穏や不眠につながり、食事や排泄等の生活リズム全体が崩れるきっかけになってしまいます。

予定表のない生活

生活リズムを整えようとするとき、職員の記録や観察にもとづき予定表を作成して、コントロールする方法は望ましくありません。グループホームの生活の自然な流れに合わせて、少しずつ生活リズムを取り戻していくような支援方法を考えましょう。

職員が直接かかわり、ケアをすることだけが認知症の人への支援ではありません。認知症の人同士あるいは認知症の人とスタッフとの会話、台所からの食事のにおい、窓から入り込むさわやかな風、部屋の照明の点灯や消灯、カーテンの開け閉めや部屋の掃除、暮らしの中には、生活リズムを取り戻すためのヒントたくさん散らばっています。

これらの、さりげないしかけを暮らしの随所に用意すること。そして、いつも同じ一定のはたらきかけを行うことが、その人の安心につながります。

身体のバランスを整える

日中の活動は身体のバランスを意識しましょう。高齢者には、加齢の影響や身体的老化、加えて認知症や薬剤の副作用により、転倒しやすいこと、座位などの固定した姿勢が長時間になりやすいこと、左右の体幹のアンバランスさなどがみられます。そうしたことから、転倒や衝突などの事故のリスクが高まります。

身体のバランスを保持し調整するためのケアは、グループホームの日常生活の中にさまざまなしかけをつくることで、自然に行えます。たとえば、入居者が集まるところ、職員と会話をするところに、手すりやつかまり立ちできるバーを設置することで、立ち話をしたり伝い歩きがしやすくなります。屋外にも、思わず

手を触れたくなる造形物を設置したり、歩きたくなる歩道をつくったりすることで、外出や移動の意欲を掻き立てます。

廊下にも、手を合わせたくなるようなお地蔵さんや、触れてもよいようなオブジェなどがあると、移動の意欲向上になり、職員も「見に行きましょう」と声をかけやすくなります。

花壇や植物、動物は、水やりやお世話があります。洗濯物を干す、掃除をする、食事をつくり運ぶことも、身体のバランスを保つための自然なしかけです。

このように、グループホームでは生活するために必要な筋力やバランス感覚を保つことのできる意味のある環境づくりができるのです。

廊下のいすは、動きを誘発する役割がある

廊下に置かれた大きなお地蔵さん

2 | 食事のケア

グループホームにおける食事の意義

　グループホームに入居する人のなかには、わからないことやできないことに日々翻弄され、生きる希望を見つけることや、前向きに生きていくことが難しくなっている人もいます。そんななかでの楽しみの一つとして、「おいしいものを食べること」があります。おいしい食事は生きる希望につながります。

　グループホームが大規模施設と決定的に違うのは、家庭にいるときのように、自分も食材選びや食事づくりにかかわれることです。これにより、自己効力感が高まり、食欲も増進するとともに、なじみの場所、大切な場所、第2の我が家のような感覚が育まれていくのです。

　また、誰もが「自分の力で、口から食べたい」と願っています。箸や自助具が使えなくなってきたら、場合によっては手で持って食べられるように、食形態などを工夫したいものです（一口大のおにぎりにする、ミートボールにする、野菜は大きめのさいの目に切るなど）。柔らかさの調整には、圧力鍋を使うとよいでしょう。根菜類も、歯茎でつぶせる柔らかさになります。

好みや食習慣を把握する

　食習慣や調理法は、家庭によって違います。入居にあたって、家族から食生活についての情報を聞いておくことは大切です。また、入居してからも、食材を見ながら、「どのようにして食べたらおいしいか」といったことを話題にして、一人ひとりの好みや食習慣の把握に努めるとよいでしょう。

　なじみの食材を用いて、その食材が見てわかるような調理法にすると、本人は安心して食事を楽しめるようになります。

環境と配置

　環境は、おいしく食べるための大切な要素です。仲の良い人同士が集まって食べられることが望ましいでしょう。上手に食べられない人、介助が必要な人については、その様子が他者の目に触れないように配慮することが本人の尊厳を守ることにつながります。

　入居者9人が全員一緒でなくても、2～3人のグループに分けるようなテーブル配置も考えましょう。私たちスタッフも一緒に座って食べると、それがモデリングになり、自然に食生活を促すサポートをしていることになります。その際には、入居者と同じものを食べ、食事中は立ったりおしゃべりをしたりすることを控えます。これは、食事の手が止まらないようにする配慮からです。

　人の出入りや電話もなるべく避けて、食べることに集中できる環境をつくる必要があります。話しかけるのは食事が終わってからにするのがよいでしょう。

食器

　食器は、プラスチックのものではなく、陶器が望ましいでしょう。また、模様があると、食材と間違えてしまう可能性があるので、無地の食器を使います。ただし、白い食器ばかりではなく、色のものがあるとよいでしょう。

　器を手に持って食べる人の場合、食べやすくなるように、お椀や丼などの工夫が必要です。たとえば、軽くてざらつきがある食器にするなどです。一人分の食事がわかりやすいように、お膳やランチョンマットを使うという工夫も、視覚的判別に有効です。

声かけと食べ始める支援

①においを感じてもらう

　台所で調理をすることこそ、グループホームケアの核心といえます。食材を洗ったり包丁できざむ音、お米を研ぐ音、食材を炒めるにおい、煮物のにおいなど

を感じやすいと思います。

「今日のご飯は何かな?」「おいしそうなにおい!」「お腹が空いてきた」…。このようなことを思いながら食事を待っていると、食欲が増し、おいしい食事につながります。

②トイレを済ませておく

食事に集中することは大切です。そのため、食事の30分くらい前に、トイレ誘導をします。声かけの仕方としては、「ご飯の前にトイレに行きましょう」ではなく、「もうすぐご飯の時間なので、手を洗いに行きましょう」などと言って、その途中で「トイレに寄って行きますか?」と促すようにします。排泄後はしっかりと手を洗って、食卓につき、配膳を待つようにします。

③配膳と食事中の観察

自分で食べられる人には、「はい、どうぞ」「今日のご飯は○○ですよ」「おいしそうですね」と言って食事を出し、介助が必要な人には、丁寧に姿勢を整え、お膳の位置を確認して、必要に応じて箸を持ってもらうなどの支援をします。

食事が始まったら、食べることに集中できるように配慮しながら、スタッフは入居者の様子を確認しながら一緒に食べます。

食事中は、スムーズに食べられているか、食べこぼしはないか、むせていないかなどを確認します。全員がほぼ食べ終わるのを待って、下膳をします。

留意すべきポイント

①無理強いをしない

　食が進まないときに、「おいしいから食べよう」などと声をかけられても、食べようとは思えないでしょう。そんなときは、いったん部屋に戻ってゆっくり休むのもよいでしょう。食欲がないようならば、「残してもいいですよ」「お腹が空いたら、何か用意するから教えてくださいね」と声をかけます。そうした対応によって、入居者は安心できるでしょう。食べることを無理強いされると、食欲が減退し、食事が楽しい時間ではなくなってしまいます。いつでも食べることができる環境は、グループホームの特徴です。

②副菜のバランスを考える

　副菜のバランスについても考えます。メインのおかずに合わせて、味の変化を楽しめるように、酢の物やあえ物、漬物などの香の物を提供すると、味覚の刺激にもつながります。

③スタッフが座る位置

　軽度のうちは横に座って食事介助ができます。しかし、重度になると、スタッフは座面を低くして、食べる動作や咽頭の動きが観察できる位置で介助することが大切です。また、食事内容も変わっていきますが、細かくきざんだり、ミキサーにかけたり、見て何かわからないものを提供するのは控えたいものです。きざむときは、本人の了解を得て、目の前でカットするようにします。

3 | 排泄のケア

排泄という行為

排泄欲は、マズローの欲求段階説の最下層である生理的欲求の中にあり、日常生活を送るための基本的・本能的な欲求で、緊急性の高い「生命維持の欲求」とされています。したがって、排尿・排便がスムーズに行われることで、心地よいすっきりとした気持ちで暮らすための基本になります。排泄ケアは、一人ひとりの基本的な生活の構築につながる第一歩と考えられます。

排泄という行為はきわめてプライベートであり、プライバシーや自尊心への十分な配慮が必要です。失敗してしまうことによって、不快感による落ち着きのなさや周囲に対しての恥ずかしさ、ケアをする人に対しての申し訳なさなどとともに、大きな精神的ショックを生みます。本来の心地よいその人らしい生活を阻害していく一因ともなりかねません。

そのため、グループホームでの排泄ケアは、個々の認知症の状態に加えて、生活歴、家族歴、病歴などパーソナルな情報に基づいた十分なアセスメントを行い、個々のペースに合わせたケアを実践することが必要です。

基本的な状態の把握

ケアを実践する前に、表4に示す内容を一人ひとり把握します。

排泄が困難になる要因

パーソン・センタード・ケアの視点で、認知症の人の行動や症状は、①脳の障害、②身体の健康状態、③生活歴、④性格傾向、⑤社会心理という5つの要素をもとにアセスメントすることが重要です。

グループホームケアの原点と基本の考え方 第1部

表4 排泄について把握しておくべき基本事項

把握しておくこと	理由
排泄の時間や間隔	人によって排泄の時間帯に違いがあるので、個々のパターンを知ることで、定時排泄誘導が行いやすくなる。
1日の水分摂取量・食事量	摂取量や摂取している内容によって排尿排便の質も変化してくるので、工夫することで適切な排泄につながっていく。
排尿の量や色 排便の量や色や硬さ	通常の量と色を把握しておくことで、変化があった際に健康状態の異常の早期発見やBPSDとの関連性がないか探ることができる。
利尿剤や下剤は服用しているか	排尿も排便も排泄しやすくなる傾向にあるため、失禁しやすいことがある。服用している場合は、排泄時間や排泄量・回数との関連を考慮し、服薬状況の調整を検討できる。

要因の整理と心理状態の理解

　表4に示した本人の1日の生活状況の把握と、排泄が困難になる要因をアセスメントすると同時に、本人がどのような気持ちで過ごしているのか、つまり「実感していること」を探っていくことが、行動の理解につながり、適切なケアに結びつくのではないかと考えます。

　パーソン・センタード・ケアでは、本人を中心に、本人の気持ちを第一に汲み取り、本人が暮らしたい生活を構築することが求められます。排泄ケアでは、本人が排泄についてどのように感じていて、苦しくないか、痛くないかなど、その人の気持ちを代弁するようなかかわりが求められます。

具体的なケアの方法と工夫

①排泄のサイン

・立ち上がる、股間を触る、ズボンを触る、周囲をキョロキョロする、誰かを探そうとする

111

・食事中に立ち上がろうとする（食事により腸の動きが起こって便意につながる）

・不穏やイライラがある

・「銀行に行きたい」「病院に行かなきゃ」という言葉が排泄を意味する場合もある

※自分でトイレに行ける場合もあるため、すぐに案内するのではなく、さりげなく見守りながらタイミングをみてかかわります

②環境への配慮

・トイレがわかりづらいのであれば、わかりやすい表示など設置する

・夜間はトイレのドアにスポットライトを照らす、歩く廊下の足元が明るくなるライトを設置する

・歩き出して少し落ち着かない様子が見られたりしたら、自分から入れるようにトイレのドアを開けておくなどの工夫もよい

③誘導・移動・移乗などの工夫

・手をつないで歩き、さりげなくトイレに案内すると、うまくいく場合がある

・便座に座るのに時間がかかる場合は、自分で座ろうとするまで焦らず根気よく待つことも重要

・便座に座れるよう身体を支持したり、着脱動作を介助したりする

・便座に座っていただいたら、スタッフは前にかがんで身体をさすって声をかけ、便座の使い方などや着脱動作をサポートする

プライバシーに配慮したさりげない支援

・「トイレに行きましょう」というストレートな声かけには応じなくても、「ちょっとあっちまで私に付き合っていただけますか」などと声をかけ、トイレに案内すると、便座を見て「ここへ移るのかい？」と自分から行動してもらえる場合がある

- 周りの人に聞かれるように人前で「トイレに行きましょう」とは言わない。それを聞いた周りの人が、「この人は一人でトイレにも行けないんだね」と言い出したり、自分でも「一人ではトイレにも行けなくなった」と感じ、精神的にショックを受けてしまう
- 「〇〇さん、トイレ終わりました」というような職員間での報告や情報共有も、周りの人に聞こえないように配慮する
- 認知症になったら必ず失禁するわけではないので、自分でトイレに行かない・行けない人に対しては、まず定期的なトイレ誘導から始める

思いを探って「できる」をサポート

　グループホームのスタッフには、さりげない配慮による「黒子」のようなかかわりが求められます。どんな些細なことでも、その人が「自分でできた」と思える場面がたくさん得られます。それが心地よさにつながり、本来の自分の姿を取り戻せる瞬間となるのです。

　毎日の暮らしのなかには、日常生活のさまざまな動作があり、排泄もその一つです。その動作を生み出す言動には、必ず本人の思いがあります。何を考え、何をしようとしているのか、きっと考え抜いた結果の言動なのです。それが「実感していること」であり、本人のニーズに直結する思いです。このように、常に本人のニーズに近づけるよう想像力・創造力をはたらかせましょう。

4 | 身だしなみ・清潔のケア

　身だしなみと清潔感は、入居者の心身の健康を保ち、生活の質を向上させるために欠かせない要素です。特に認知症の人は、セルフケアが難しくなる場合が多く、また体調の変化や不快感を自ら伝えることが困難なこともあります。そのため、スタッフが細やかな配慮をもって支援を行うことが必要です。

　清潔感のある身だしなみは、健康面だけでなく、心理的な安心感や他者との良好な関係を築くためにも大切です。

身だしなみと清潔の目的

①健康維持

　清潔な状態を保つことは、感染症や皮膚疾患の予防に直結します。居室や共有スペースの清掃、手洗い、口腔ケア、入浴などの日常的な支援を行うことで、快適で安全な生活環境を提供します。これにより、入居者が心身ともに健康で過ごせる土台がつくられます。健康を支えるために、寝具や衣類の交換、適切な温度管理も重要なポイントです。

②自己肯定感の向上

　身だしなみは自己表現の一部であり、入居者の自己肯定感（自らの価値や存在意義を肯定できる感情）を高めます。入居者が好む色やデザインの衣類や化粧品等を活用しながら、個性を引き出すケアを行うことが有効です。健康的な姿勢やエレガントな振る舞いは、他者との交流を活発にし、社会的な孤立感を軽減することができます。

③ケアの質の向上

清潔で整った環境と身だしなみのケアを通じて、入居者との信頼関係が築かれます。また、スタッフが丁寧にケアを行うことで、施設全体の雰囲気が向上し、家族や入居者からの評価も高まります。これにより、スタッフ間の連携が深まり、よりよいケアを提供する土台がつくられます。

身だしなみの3原則

①清潔であること

清潔感は身だしなみの基本です。認知症の人は、清潔を保つことが難しくなる場合があるため、入浴や口腔ケア、手洗いの支援が不可欠です。また、加齢や認知症の影響で嗅覚が低下することもあるため、口臭や体臭、居室のにおいをケアすることは、他者との交流を促進します。

そして、ケアを行う際には、入居者一人ひとりの状態や希望に配慮することが大切です。たとえば、部屋の清掃や衣類の管理を丁寧に行うことで、日常生活の質を高めることができます。

特に入浴時には、「一緒に入りましょう」や「先に入るね」といった入居者同士の家族的なコミュニケーションが生まれると、いわゆる「入浴拒否」の解消にもつながることがあります。

清潔感を保つ支援は、身体的な健康だけでなく、心理的な安心感や人とのかかわりの質を高める重要なケアの一環です。

②健康的であること

健康的な身だしなみは、入居者の気分を明るくし、活力を与えます。朝の身だしなみの時間は、その日の体調や気分を確認する重要な機会です。体調が優れない場合には、スケジュールを見直してみることも必要です。

また、よい姿勢を保つことは、見た目をよくするだけでなく、呼吸や血流を改善し、身体機能の維持にもつながります。スタッフは、いすに座る際や移動時に無理のない姿勢をサポートし、入居者が健康的な姿勢を保てるよう支援します。

理容室や美容室との連携も、心身のケアにおいて重要です。髪型や美容ケアを通じて、入居者は自分らしさを感じ、心地よさが得られます。可能であれば、入居前に通っていた理容室や美容室を利用することで、慣れ親しんだスタイルや地域とのつながりを維持でき、社会的なつながりを保つことにもなります。

③機能的かつおしゃれであること

身だしなみには、実用性と機能性も必要です。衣類は着脱しやすく、動きやすいデザインが求められます。靴やサポート器具も、入居者の自立心を促進するものを選ぶことが重要です。しかし、それだけではなく入居者がその人らしい「おしゃれを楽しむ」ことができる環境や機会も求められます。私たちもそうであるように、お気に入りの服やアクセサリーを身に着けることで気分が高まり、全体によい生活の流れになることがあります。

身だしなみと清潔を支える「エレガンス」（内面的な上品さ）

身だしなみと清潔を整える際に重要なのが、エレガンスという考え方です。エレガンスは、外見だけではなく、言動や態度、精神的な豊かさを含む高度な美しさや気品を意味し、自己責任を伴います。自分自身を大切にし、心身の健康を守ることがエレガンスを育む第一歩です。

イメージとしては、清潔が基盤となり、その上に身だしなみが築かれ、最終的

にエレガンスに到達するというピラミッド型の考え方です。エレガンスが清潔や身だしなみに対する意識を高める要因となり、これらの要素が調和することで、入居者の心身の健康を維持し、より豊かな生活となります。

また、エレガンスは「愛」の表現でもあります。自己愛を大切にし、他者に対して思いやりをもって接することが、真のエレガンスをつくり出します。身だしなみや振る舞いを通じて、他者への尊敬や感謝の気持ちを表すことができます。

スタッフがエレガンスを意識したケアを実践することで、施設内の雰囲気が改善し、入居者との信頼関係が深まり、より充実した日々を提供することができます。エレガンスを意識したケアは、入居者の生活の質を向上させ、施設全体にポジティブな影響を与える重要な要素となります。

そのことにより入居者との会話がはずみ、ホーム全体の雰囲気が明るくなります。「おしゃれだね」「可愛いの着たね」とお互いを尊重した楽しい日常の会話が生まれ、さらに「私も欲しい」「どこで買ったの?」「買いに行こう!」と意欲を引き出すこともあります。また、穴の開いたデザインの洋服は「だらしない」と言われることもありますが、「どれ、貸してごらん」と繕う意欲を見せたり、そのやりとりに他入居者が「流行りなんだよ」「あんたも古いね」と加わっては笑い合う…。

このように、エレガンスがピラミッドの頂点にあることで、清潔や身だしなみへの関心が高まるメカニズムがはたらきます。入居者の心身の健康と尊厳を守りつつ、高い生活の質を追求するためには、これらの要素が調和したケアアプローチが重要です。

5 | 入浴のケア

入浴ケアの目的と重要性

入浴は、全身の状態を観察し、不快な皮膚トラブルや慢性的な痛みを軽減するとともに、マッサージ効果などが快刺激につながり、心地よい疲労感と安心感を得られます。また、丁寧にケアする介護者側の気持ちが伝わることで、コミュニケーションがとりやすくなり、信頼関係を深めることにもつながります。

入浴を後回しにしない

さまざまな業務に追われて時間的な余裕がなくなると、入浴を後回しにしてしまうことがあります。リーダーの立場にある人は、可能な限り、より安全に多くの人が入浴できる時間や人員を考慮し、入居者が気持ちよく入浴できるように、スタッフや時間を調整することが重要です。

まずは本人の希望やその日の出勤者の状況、日常のイベント（面会や外出、往診など）の予定に合わせて、柔軟に入浴時間を確保していくことが求められます。拒否が強い場合でも、全身清拭や拭髪、足浴など、多様な方法で清潔を保ちながら、少しずつ入浴に結びつくようにケアの方向づけを行います。

グループホームにおける入浴ケアは、スタッフも少人数であるため、チームアプローチが不可欠です。多様な職種や経験をもつスタッフが、入浴の時間や方法、誘い方の工夫、入浴後の過ごし方など、情報を出し合い、その人の身体状況や認知機能の状況に合わせたケアを計画します。そして、どうしたらうまくいったか、拒否する理由は何か、などの情報を申し送りやミーティングなどで共有することが必要です。

グループホームケアの原点と基本の考え方 **第1部**

入浴ケアのポイント

①準備

・入浴の始まりでは、お湯を張りながら、その日に入浴する人の順番を考えます。

・夜勤からの申し送りやバイタルサインに異常がないかを確認します。

・ケアにあたる人は、お風呂の話題などを提供しながら、入浴に誘います。

②入浴中

　入浴介助では、コミュニケーションをとりながら、本人の身体状況や全身の皮膚の状態を自然に観察します。

　保健所などの指導では、お湯は、入れ替えか循環式が基本です。循環するようにお湯は溢れさせていきます。お湯の温度は、ぬるめで38℃、熱めで42℃など、入浴する人の体感を重視して設定しましょう。気温が低い時期は、少し熱めにして、浴室が寒いときは、ヒーターや空調などで、更衣室から温めておきます。

　お風呂が好きな人から入ってもらうほうが、全体としてスムーズになります。

　背部や臀部、足趾間、脇の下など皮膚と皮膚が接触する場所などは、ふだん観察しにくいので、声をかけて、様子をよく見ながら洗わせてもらいます。背中は、マッサージ効果を高めながらゆっくりさすります。足趾間は、皮膚トラブルがないかを確認しながら、しっかり洗います。

　浴槽から上がるときは、下肢筋力の低下の程度や関節の痛みの有無などが確認できます。そして、浴室から更衣室への移動時や更衣の際に、再度皮膚の状態を確認します。

③入浴後

　好みの衣類や肌触りのよい衣類などを準備しておきます。本人に確認するのがよいですが、認知症の人の場合、着替えていなくても、「これは着始めたば

119

かりなので着替えない」と言われてしまうこともあります。

とはいえ、お風呂上がりは、新しい服に着替えてもらいたいので、「わかりました」と言いながら、後でさりげなく新しい衣類に差し替えることもできます。

更衣室には、軟膏や化粧水などを準備しておきます。そして、皮膚トラブルに合わせて、さっと塗るのが一番効果的です。また、在宅では自分で十分に洗えなかった足先も、介護者の支援によって清潔にすることができます。

お風呂文化や季節感を楽しむケア

グループホームケアではお風呂を楽しむことが大切です。好みのシャンプーやクリームなどの持ち込みも可能ですので、入浴へのこだわりや習慣について、事前に聞いておきましょう。

浴槽には、時に、ゆずや菖蒲、蓮など季節を感じるものを入れると話題にもなり、コミュニケーションのきっかけとなります。各地で、お風呂を楽しむ文化は異なるかもしれませんが、職員と入居者が楽しいと思える入浴の時間をつくりたいものです。

外の景色が楽しめない浴室であれば、壁に富士山や草原の写真を貼るのもよいでしょう。本来、日本には銭湯文化があり、多様なお風呂を楽しんできました。グループホームはほとんどが個浴となってきましたが、対話を楽しむお風呂文化を活かしつつ、入浴時の会話を楽しめるとよいでしょう。

入居者から「私は、お風呂に一番に入っていた。お父さんからお前が入った後くらいがちょうどいいと言われた」などの回想的な会話が出てきたら、本人がお風呂を楽しんでいるサインです。本人の身体状況に配慮しながらも、可能な限り、浴槽での対話を楽しみます。

気候がよいときは入居者を縁側に誘い、風に当たって景色を眺めながら、水分摂取をすすめます。お風呂上がりの時間も楽しんでほしいものです。

重度の人の入浴ケア

　重度の人は、全身の状態を観察しながら、車いすで居室から浴室に案内します。声かけはもちろん大切ですが、血圧などに変動があったときのために、連携先の医師や看護師などと連携して、普段からその人の血圧の正常範囲を確認しておきます。

　看取り期であっても、お湯に浸かるという行為を大切にしましょう。ベッド上でビニール浴をするという方法もあります。全身清拭では得られない癒しがお湯にはあります。重度では、栄養や水分不足から、褥瘡や足趾の循環不全などが生じやすいのですが、お湯に浸かると、それらの改善にとても効果的です。

　看取り前の貴重な時間に、職員同士が声をかけながら、時に家族も誘い、一緒に最後の身体ケアを行うことを考えましょう。

6 | 睡眠のケア

高齢者の睡眠の特徴

　高齢者の睡眠は、若い世代と比べて浅くなるといわれています。大脳を休める深い「ノンレム睡眠」が減少し、浅い「レム睡眠」が増加する傾向にあります。そのため、眠りが浅くなり、たびたび尿意などで目が覚めてしまう中途覚醒が多くなります（p102　図3参照）。

　また、寝つきが悪かったり、早々と目覚めてしまう早期覚醒などがあると、睡眠の質、満足感の低下につながります。加えて、元来備わっている体内時計が加齢に伴って変化し、体温調節やホルモンの分泌、血圧調整等の睡眠に関係する生体機能リズムが前倒しになることから、早寝、早起きの傾向になるといわれています。

主な睡眠障害と認知症の人に及ぼす影響

①入眠障害

　入床してもなかなか寝つけず、苦痛を感じてしまう状態のことです。これは不安や緊張感から起こりやすいといわれています。認知症の人は見当識障害や記憶障害の影響から、時間や自分の置かれている状況が曖昧になり、不安な気持ちをもっています。本人が抱えている心配事を日頃からアセスメントしておけば、不眠時の対応につなげることができます。

②中途覚醒

　睡眠中に物音や尿意などで何度も覚醒してしまい、その後、なかなか再入眠できない状態で、中高年の人に多いといわれています。認知症の人は、深夜に目が覚めると、今が昼なのか夜なのかがわからず、不安から外へ出てしまう

などの行動を起こす場合もあります。

③**早期覚醒**

　早く目が覚めてしまう状態をいい、高齢化により体内時計が崩れることで起こる睡眠障害といわれています。アルツハイマー型認知症の人は、初期の頃から睡眠と覚醒のリズムが崩れて、昼夜逆転が起こりやすいといわれています。夜間せん妄につながらないように、早い対応が求められます。

④**その他**

　ストレス、不安、慢性的な痛み、かゆみ、睡眠時無呼吸症候群、レストレスレッグス症候群（むずむず脚症候群）、服用薬の副作用などでも不眠になることもあります。早期に受診して原因への対応が必要になります。

睡眠障害の改善方法

①生活リズムを整える

　朝は、同じ時刻に「おはようございます」の声かけとともに、居室のカーテンを開けて、朝日を浴びてもらいましょう。まだウトウトしている人も、朝を感じても

らうことが大切であり、見当識障害への対応にもつながると考えられています。

　日中は、自然光を浴びて積極的に活動することで、メラトニンの分泌が促進され、体内リズムが安定します。ただ屋外に出るだけでなく、その意味や屋外での役割をつくることも大切です。たとえば、夏には玄関先で夕涼みをしていると、近隣の方が声をかけてくれて、地域交流の場になることもあります。これもグループホームならではの実践です。

　寝たきりの人や介護度の高い人も、ベランダなどで短時間でも日光を浴びる機会をつくりましょう。花や野菜の鉢植えを置いて、関心をもつような工夫をすると、屋外に出ることを自然に促すことができます。

　日常生活の中で、規則正しく1日3回の食事をしっかり摂り、適度に運動するなど生活リズムを整えましょう。分散睡眠も大切ですが、日中の眠気や活動への影響がなければ、夜の睡眠時間にはあまりこだわらなくてよいと思います。

　昼寝は20～30分にとどめ、1時間以上あるいは夕方以降の午睡は、夜の睡眠に悪影響が及ぶことを考慮しなければなりません。認知症の症状による見当識障害から、時間の感覚が理解できない場合も視野に入れて、昼夜逆転につながらないような配慮が必要です。人の話し声や生活音のするリビングなどで、うたた寝程度が心地良いかもしれません。

居間のソファで揃ってうたた寝

②本人の睡眠パターンを知る

　生活歴の中から、睡眠の情報を収集し、現在の入眠状況を把握します。就

寝前のいつもの行動、照明の程度、入眠の時間、トイレなどで中途覚醒したときの次の眠りまでの時間、起床時間など、対応方法も含めて記録します。

　寝つきが悪い場合は、手浴や足浴をして血液の循環をよくする、または一度、居室から離れてリビングでホットミルクを飲んだり、スタッフと会話をするなど、気分転換をしたりすることも効果があります。

③寝具類および居室の見直し

　枕や布団などは、柔らかすぎず硬すぎない、何よりもその人の好む適度な硬さのものを選びましょう。パジャマについても、これまでの生活で馴染んだタイプで、パジャマだと意識しやすいものが大切です。

　また、スタッフが居室内での安全を考えて配置した物の位置が、本人の不安を生じさせる要因となっている場合もあります。特に、レビー小体型認知症を有する人にとっては、物の置き場や照明の位置など、錯視につながらないように、本人が納得できる環境づくりが求められます。

医療との連携

　認知症の症状から自身の体調変化を的確に伝えられず、何らかの体調不良やストレスが原因で睡眠障害につながる場合もあります。対応を試みても不眠状態が悪化してしまう場合は、医師に相談して、症状に合った睡眠薬を処方してもらいます。その場合は、処方された薬の効果（作用時間や強さなど）と副作用をしっかり把握しましょう。

　薬剤師からの服薬指導も欠かせません。服薬の開始とともに、夜間の入眠状況、1日の様子などを観察し、医師へ報告します。共有ツールを用いて行う日々の情報提供が理想的です。

　見当識障害に心理的要因が加わり、強いストレスのなかで生活している認知症の人にとって、質の良い充実した睡眠は欠かせません。

7 | 夜間のケア

　日中にある程度活動的な生活をしていれば、夜間は自然な形で眠りにつきやすくなります。入眠までに時間がかかったり、中途覚醒が多かったりするからといって、安易に薬に頼らないようします。なぜなら、私たちスタッフのケアや配慮により、睡眠の状況を改善できることも多くあるからです。

就寝までのケア

①眠りやすい環境を整える

　なかなか眠りにつかない、あるいは就寝したくてもできない入居者もいます。見当識障害などがある場合には、現実見当識訓練（Reality Orientation：以下、RO）を用いたかかわりが必要となります。

　夜ということが認識しにくいのであれば、環境整備によって入居者が夜だとわかりやすい雰囲気をつくります。そのためには、可能なかぎり居室や廊下、ホールなどを夕方頃から少しずつ暗くする、ナースコールの呼び出し音などを極力小さくする、就寝前にはパジャマに着替えて生活リズムを整える、といった配慮が必要です。

　清潔なパジャマを着ることにより、爽快感が得られ、スムーズな入眠につながります。そして、必ず就寝時には「おやすみなさい」と伝えます。それによって「今は夜で、寝る時間なのだ」ということがわかります。

②入浴と睡眠の関係

　これまでの生活で、多くの入居者が就寝前に入浴することを習慣にしていたと思います。しかし、グループホームに入居するとそれが叶わず、日中あるいは午前中の入浴が一般的となります。

デイサービスでは送迎など時間の制約がありますが、グループホームは基本的にはそうした制限があまりないと考えられます。生活習慣の継続性などを考えると、本来は、夕食後から就寝前に入居者が入浴できるように支援するのが望ましいといえます。

就寝前の入浴がスムーズな入眠につながることがあります。睡眠導入剤などを服用している入居者でも、生活リズムを変え、入浴時間を変更し、就寝前に入浴することにより、身体が温かいまま布団に入るため、自然な眠りが誘発されやすくなります。

③防水シーツの取り扱い

入居者によっては、布団やマットレスの上に防水シーツを敷いている場合があります。しかし、防水シーツは蒸れやすく、またその人の尊厳を阻害することにもなりかねません。

防水シーツが必要であるならば、肌に直接触れず、なおかつ本人や他人の目につかないように、敷きパッドなどの下に敷き、布団やマットレスが尿などで濡れないような工夫をしてください。いずれにしても、多少なりとも蒸れは生じるため、敷かないことを目指すことが大切です。

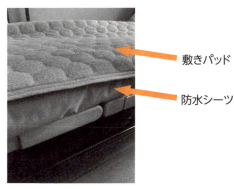

防水シーツの敷き方

就寝中のケア

室温、湿度、明るさ、音、寝具類などの環境面をできるかぎり調整します。寝具に関しては、心地良い睡眠を生む大きな要素ともなります。

音への配慮も重要です。職員の話す声や歩く音、他の入居者の声やトイレを流す音などは、睡眠を妨げる要因となる可能性があります。トイレを流す音は、蓋を閉めることで軽減できます。

また、高齢者は睡眠のリズムに変化がある場合も多いので、アセスメントをしっかりと行ったうえで、個々に合った対応が必要となります。夜間に不安などがあり、安心して就寝できない入居者には、日中と違って、夜勤職員は時間的なゆとりも比較的あるので、温かいお茶（できればノンカフェイン）などを一緒に飲みながら話を聞くこともケアの一つではないでしょうか。

夜間の排泄ケア

特に冬場はトイレ内が寒くなるので、便座を温かくしておくことが大切です。また、トイレが必要以上に明るいと、排泄後に目が覚めてしまい、スムーズに再入眠できない場合があります。そのため、トイレの環境調整も必要になります。

また、夜間は覚醒状態などにより、歩行状態が不安定になり、手すりにつかまらないと歩けなくなることがあります。その理由には、薬の影響、血圧の変化、睡眠状態などさまざまな要素が考えられます。

覚醒したときに尿意を強く感じて、トイレまで慌てて行こうとする入居者もいるかもしれません。スタッフはそうなることを予測しておき、慌てさせないように、トイレに案内しましょう。

トイレの明かりはセンサーライトなどにして、煌々と明かりがついていることがないようにするとよいでしょう。センサーライトにすることで、入居者が電灯のスイッチを探し、転倒するリスクを下げることができます。

夜間のおむつ交換のとき、スタッフの手が冷たいと、入居者が不快に感じて

しまいます。覚醒にもつながるので、入居者の肌に触れる前には手を温めておくことが必要です。おむつ交換で触れる手も、非言語的コミュニケーションの一つとなるのです。

排泄介助を終えベッドに戻ったら、その都度「おやすみなさい」と言うことも24時間ROになります。加えて「ゆっくり休んでくださいね」などと言うと、入居者はより安心できるのではないでしょうか。

起床に向けて

起床前にカーテンを開け、朝日を浴びられるようにすると、スムーズな起床につながります。スタッフの声で起きると、夢と現実の境界がわからずに混乱を招いたり、機嫌を損ねたりすることもあるので、できるだけ自然な形で起床を促すようにしましょう。そのため、遮光カーテンなどは認知症の人の生活リズムをつくることを考えた場合には不向きです。

また、24時間ROを用いて五感にはたらきかけるためには、プライバシーに配慮したうえで、明け方に居室の扉を少し開けておき、朝食の香りなどが自然な形で入居者の鼻に届くような工夫もできます。

そして、パジャマから普段着に着替えを行います。着替えることによって、生活リズムをつくりきっかけになります。快適に目覚め、希望をもった1日をスタートさせるために、夜間帯から朝方にかけての職員のかかわりが重要です。

129

8 | 認知症の人の心理的なケア

1 妄想（もの盗られ妄想、被害妄想）

妄想の出現原因

　認知症の妄想は、認知機能の障害、環境要因（慣れない環境、光や音等）、身体的・心理的要因（疼痛、不安・孤独感等）、誤解や思い込み（五感の変化による感覚的混乱、情緒的ストレス等）などが原因とされています。

基本的なケアの考え方

　認知症の方の不安や混乱、妄想などに対応する際に、言葉の背景にある相手の気持ちに寄り添いながら直接的な対立や否定を避け、間接的に状況を和らげる対応方法です。これを黙視的接近といいます。

①否定しない

　共感を示すことが大切です。相手の話や感情をいったんはそのまま受け止め、反論や否定を避けます。

②安心感を与える

　相手が安心できる雰囲気をつくります。基本的には介護者が落ち着いた態度で接することで、不安や混乱を緩和できます。

③気持ちに寄り添う

　状況を修正するよりも、相手の感じる不安や困惑を理解し、その人の気持ちに寄り添います。自分の味方である・理解者であると認識していただくことで、コミュニケーションが円滑になります。

④間接的な解決

　不安要素にフォーカスしすぎると、妄想を誘発することがあります。相手の妄想や誤解に直接触れず、時に、話題をそらしたり、パッと目線を外して注意をそ

グループホームケアの原点と基本の考え方 第1部

らす等、別の話題や行動に注意を向けることで、不安が和らぐこともあります。

妄想のケア

　本人の状態によって、話や動きに合わせてかかわってよい場面と、そうではない場面があります。アルツハイマー型認知症の方に出現する頻度が高いといえる「もの盗られ妄想」でみてみましょう。

①話を合わせてよい場面

　犯人が特定されていない時（犯人と思われていない時）、頼っていただけるような状態の時は、基本的には「それは大変ですね、一緒に探してみましょう」などとかかわることができます。ただし、状態によっては大きく驚くことが必要な場合もあります。

②話を合わせてはいけない場面

　「財布を盗んだ！」などと相手を明確に示している時は、事実として肯定されやすいため、注意が必要です。まして、盗んだ相手が自分（私）とされているときは、すでに関係性が崩壊しているので、私の存在はストレスとなります。

　妄想が出ると、「傾聴」や「寄り添うこと」が必要であると思いがちですが、「距離を置くこと」が必要なこともあります。探しているうちに、少し気持ちが落ち着いたり疲れが見えてくるので、そこからが、かかわるタイミングとなります。

　肝心なのは、その人の思いにたどり着くことです。認知症の人の言葉や行動は、私たちへのメッセージです。その人が何を訴えたいのか、何らかの苦しみや不安、悲しみがあるのではないかと探っていくことから始めます。

妄想を防止できるのか？

　妄想の出現防止を目的にしてはいけません。妄想は、その人の意思表示の機会です。とはいえ、被害妄想の対象となったスタッフはつらいものです。かか

131

わり方、コミュニケーションで出現を抑えることもできます。

妄想を誘発しないためのポイント

①過剰な刺激を減らす

ケア提供者の態度や行動は大きな影響を与えます。足音や声のトーン、身のこなし一つが本人に煩わしさを感じさせることがあります。また、テレビやラジオのつけっ放しなども過剰な刺激となるので、注意が必要です。

②視覚的・触覚的な工夫

わかりやすい表示や色分け・手に触れて安心できるものがあることが大切です。影や反射、複雑な模様があるものは、誤解や恐怖を引き起こすことがあります。物の配置をわかりやすくし、シンプルで柔らかい雰囲気に整えましょう。

③環境を安定させる

なじみの職員が規則的な生活習慣（毎日のスケジュールをできるだけ同じにする）をともにすることが、安心感につながります。また、物の配置を自宅に近い状態にし、大切な物は決まった場所に置き、できるだけ配置を変えないようにします。それが予期せぬ変化を最小限に抑えることにつながります。

④時間軸の整理

過去の体験や未処理の感情が現在のことのように感じられて、妄想として表れることがあります。本人も混乱していたり、強い不安の表情を浮かべていたりする場合が多いようです。特にトラウマは、起こった出来事のショックにより、脳の時間がそこで止まってしまいます。一緒にタイムスリップして、時間軸を整えながら寄り添うと同時に、その出来事は終わったのだと受け入れられるような支援をすることで安心感を得られ、思い出さなくなることがあります。

医療との連携

妄想については、ケアで出現を防止できる場合とそうでない場合があります。

また、脱水や痒み・痛み等の不調が妄想の原因となることもあるので、適切な医療との連携が必要です。主治医に処方された投薬の内容や量が適切かどうかを再検討してもらう必要がある場合もあります。

漢方薬や抗精神病薬の投与が有効な場合がありますが、レビー小体型認知症の場合は、薬に対する過敏性があり、常用薬や風邪薬、時には塗り薬や貼り薬でも影響を受けることがあるので、注意が必要です。

急に妄想が出現した場合には、直前の服薬状況に加え、水分摂取および排泄状況を確認して、必要に応じて相談につなげます。

2 意欲低下

意欲低下の原因

①認知症に伴う認知機能の低下

認知症の進行に伴い、記憶力や判断力が低下することで、自分が何をすべきかがわかりづらくなります。この結果、活動への意欲が低下します。

②感情面の変化

認知症の人は、自分の能力が低下することに対して、不安や絶望感を抱くことがあります。これが抑うつ状態につながり、意欲の低下を招くことがあります。

③身体的要因

身体の健康状態が悪化すると、活動するためのエネルギーが不足し、意欲低下を誘発することがあります。慢性的な痛みや疲労、栄養状態の悪化も影響を与えます。

④社会的孤立

家族や友人との関係が希薄になると、孤独感や無力感が強まり、活動への

意欲低下につながります。特にグループホームでの生活において、適切な社会的交流が不足することが原因となります。

意欲低下の症状
①活動への関心の喪失
　以前は楽しんでいた活動や趣味に対する関心が失われます。これは、日常生活のさまざまな面に影響を及ぼします。

②身体活動の減少
　動くことや外出することを避けるようになります。これは、身体機能のさらなる低下を招き、悪循環に陥ることがあります。

③感情の平坦化
　喜びや興奮などの感情が薄れ、無表情になったり感情表出が減少します。

具体的な支援方法
①環境の整備
　環境は認知症の人の意欲に大きな影響を与えます。居心地の良い、安心感のある環境をつくることで、活動への意欲を高めることができます。

- **明るい照明と色彩**：明るく温かい色彩を使うことで、心理的にも明るくなる
- **わかりやすいサイン**：部屋や物の場所を示すサインを設置し、混乱を防ぐ
- **安全な動線**：動きやすく、安全な動線を確保する

②日常生活で役割を担う
　認知症の人が自分でできることを見つけ、それを日常生活の中で役割として

担ってもらうことが有効です。

- **家庭内の仕事**：テーブルを拭く、植物に水をやる、料理を手伝うなど
- **趣味の活動**：手工芸、園芸、音楽活動など、興味をもちやすい活動の提供

③個別化された活動プランの作成

認知症の人それぞれに合った活動プランを作成し、定期的に見直すことが重要です。個別のニーズや興味に基づいた活動を提供して、意欲を引き出します。

- **好きなことや得意なことを探る**：過去の趣味や職業、特技などを参考にする
- **活動の多様性**：単調にならないように、さまざまな活動を取り入れる

④心理的なサポート

認知症の人が感じている不安や孤独感を軽減することで、意欲が向上します。

- **傾聴と共感**：話をよく聞き、共感することで安心感をもってもらう
- **ポジティブなフィードバック**：成功体験を認め、褒めて自信をもってもらう

⑤健康状態の維持

身体的な健康状態が良好であれば、自然と意欲も高まります。

- **定期的な健康チェック**：医療機関での定期検診や、必要な治療を受ける
- **バランスのとれた食事**：栄養バランスのとれた食事を提供する
- **適度な運動**：散歩や簡単な体操を日常に取り入れる

⑥家族やスタッフとの協力

　家族やスタッフとの協力は、認知症の人の意欲向上に不可欠です。情報の共有や連携を強化し、一体となって支援を行います。

- ●**家族とのコミュニケーション**：家族の関与によって安心感をもってもらう
- ●**スタッフの研修**：適切な支援方法を学び、実践する

まとめ

　認知症の人の意欲低下は、多岐にわたる原因によって引き起こされますが、適切な環境整備、個別化された支援、心理的なサポート、健康状態の維持、家族やスタッフとの協力などを通じて改善することが可能です。

　これらのアプローチを組み合わせることで、認知症の人がより充実した日常生活を送ることができるよう支援することが求められます。

❸介護拒否

介護拒否はなぜ起きるのか

　認知症の人は、認知機能の低下によって、場所や物がわからなくなってしまうことがあります。しかし、何らかの支援が必要な状況になっても、短期記憶障害や自己の理解が困難な方は、「自分はできるはずだ。手伝ってもらう必要はない」ととっさに判断します。

　介護経験の少ないスタッフなどは、手を払われるなど介護を拒否されると、介護職としての自尊感情を損ないがちですが、まずは相手の立場に立って考えてみる必要があります。ある意味、拒否されることが「当たり前」なのです。

　「介護拒否」といっても、入浴、食事、排泄、車いすの移乗介助など、さまざまな場面での拒否が考えられます。まずは相手を知ることです。その人は、何が好きで、何が嫌いなのかを理解することから、ケアが始まります。

介護拒否へのアプローチ

　たとえば、入浴を拒否するとき、入居者は「家に帰ってから入る」「昨日入った」などと言います。そこでスタッフは、そばに寄り添い、入浴したくなる雰囲気をつくっていきます。周りのスタッフとも話し合っておき、その日のイベントも紹介しながら、「今日は午後からお医者さんが来ます」「今日は1日暖かくて、気持ち良いですよ。明日から寒くなるようです」「今日は汗をかきましたね」など、誘い水となるようなコミュニケーションをとります。場合によっては、他の人のお風呂上がりの様子を見てもらってもよいと思います。

　重度の人の場合、言葉だけでは通じないことがあり、身体への刺激を通じてわかっていただくこともあります。たとえば、足浴などから始めて、「この人なら安心だ」と認知症の人に感じてもらえれば、入浴につながることもあります。

　認知症の人に対して、丁寧な入浴ケアを繰り返していくと、「ここなら安心だ」「気持ち良い」と思ってもらえるようになります。

　介護拒否の原因は、入居者によって多種多様です。スタッフ一人の過去の経験に頼ることでは対応が難しいと思われます。

　ここでは、介護拒否に関して活用できるアプローチを考えてみましょう。まずは介護拒否が生じやすい場面を中心に観察し、情報を集めていきます。本人の体調や過去の生活パターンにも注意を向けます。応用行動分析という考え方では、そのきっかけになる環境（声かけや周辺環境）、起きてくる行動（具体的行動、回数）、行動の直後に得られる、もしくは変わる環境（職員の対応や食べ物の提供、物理的環境の変化）などを、時間を追って調べます。

　意外なことに、誰かに注目されることも、入居者の行動を変化させることがあり、この観察をしただけでも、解決に向かうことがあります。介護拒否が繰り返される場合は、起因する環境とその後の環境の変化が影響していると考えられます。

　つまり、介護拒否が生じて職員が手厚くケアするという対応だけでは、その行動を強化することになってしまうかもしれません。もう一方の本人にとっても望

ましい行動に移せるように行動を起こさせること、望ましい行動を、特にその人が望むものや言葉で、強化できると、介護拒否の未然防止につながっていくことでしょう。

4 帰宅欲求

「帰宅欲求」は当たり前のこととととらえる

誰しも、行動を起こすことには必ず理由があります。認知症により不安を抱き、混乱に陥っていれば、なおさらのことです。「その場所へ行って安心したい」「安心できる人がいる場所に行きたい」と強く願うのはごく当たり前のことであり、決して特別な感情ではありません。

このような本人の欲求にはさまざまな理由や背景があることを、介護職は十分に理解し、コミュニケーションを図っていく必要があります。そこで、まずは本人をよく知り理解する、つまりアセスメント（情報収集）が大切です。

アセスメントを丁寧に

入居時には必ず、本人をよく知る家族にアセスメントシートを記入してもらいます。最近までの暮らしの様子はもちろん、これまでの家族史、生活史、エピソード、大切な人や物、好きなことや好きな物、嫌いなことや嫌いな物、習慣、癖、考え方といった社会的背景は特に重要です。

こういった情報が本人に寄り添ったケアにつながっていきます。特に入居後2〜3週間は細やかに、時には分単位で記録を書きます。1日の生活リズム、言葉や行動など実際の生活の中での本人の情報をこと細かく記録します。スタッフとどんな会話をしたか、入居者同士でどんな会話をしていたか、読んでいると目に浮かぶように書きます。

ここで大切なのは、チームで情報をたくさん収集し、その情報を記録によって共有することです。面白いことに、スタッフによって情報の見方やとらえ方が違

うことがあり、「そんなとらえ方もあるんだな」とスタッフ間での新たな発見にも
つながります。スタッフそれぞれの見方で、さまざまな角度からより多くの情報を
収集し、共有することで、根拠に基づいた本人の視点でケアすることが可能に
なります。

　私たちスタッフは、これらの情報をしっかりと頭に入れ、チームで本人に寄り
添うと、どんなことがあっても対応できるという自信をもてるようになります。1ユ
ニット9人だからこそ、その情報をより深く知ることができます。これも少人数と
いうグループホームの特性によるものだと考えます。

帰宅欲求についての基本的な対応
　①傾聴する、②情報を集める、③本人のニーズを満たすという3ステップを
基本として対応します。

①傾聴する
　否定せず、ゆっくり本人の思いを聴きます。本人の言葉で語られるのをじっと
待ち、耳を傾けます。どうして帰りたいのかという言葉そのものだけでなく、表情、
しぐさ、視線、声のトーンといった非言語に対してもしっかり受け止め、隠され
た思いを探ることが必要です。

②情報を集める
　本人の思いを聴くことができたら、受け止めた情報から本人のニーズを推察し
ていきます。

③本人のニーズを満たす
　前述のアセスメント情報を最大限に駆使し、推察したニーズを満たしていくた
めの工夫が始まります。この工夫は毎回違うところにやり甲斐があるように思い

ます。毎回、相手の出方次第でこちらも手探り状態で進んでいきますが、必ず
落ち着いていきます。

5 昼夜逆転

昼夜逆転の原因

夜間の睡眠が浅いと、日中に眠くなり、またさらに夜間の睡眠が浅くなってし
まうという悪循環が生じます。これが昼夜逆転です。

夜間の睡眠が浅くなる理由はいくつか考えられます。まず、加齢による影響
です。また、認知症により睡眠を誘うホルモンであるメラトニンの分泌が減少す
ることも考えられます。さらには、見当識障害によって昼と夜の時間の感覚がわ
かりづらくなっていることも考えられます。

環境や健康状態をアセスメントする

本人の気持ちや背景、本人を取り巻く環境や健康の影響などを中心に考える
ことが必要です。まずは、本人に夜眠ることができず、つらく苦しくないかを確
認してみてください。日中眠っていて睡眠時間が十分にある場合は、徐々に生
活リズムを整えていくケアを考えていきます。決して無理強いをして起きてもらう
のではなく、眠いときは適度な時間を眠るほうがスッキリすることがあります。

眠れなくて苦しさを感じている場合には、不眠症（入眠障害・中途覚醒・早
期覚醒）なども考えられます。睡眠薬は、せん妄を引き起こしたり、効きすぎて
日中の活動性を低下させてしまったりすることもあります。しかし、メラトニンの
作用を助け、夜間の良質な睡眠につながる薬もあるので、医師と適切な治療に
ついてしっかりと相談することが重要です。

快適な睡眠のために必要なこと

日中の眠気を抑えることは、夜間の自然な入眠につながります。日中、太陽

の光を浴びることで、睡眠を誘うメラトニンの分泌を抑えることにつながり、日中眠りにくくなります。

また、適度な運動も大切です。生活の中でさりげなくそれができるのがグループホームケアです。玄関の掃き掃除、庭木の水やり・手入れ、ゴミ捨て、掃除、洗濯、入浴、食事の準備・片づけ、買い物、外出、散歩、戸締りなど、暮らしの中には1日のリズムを整えることができる行動が無数にあります。これらを活かすことこそ、グループホームの役割といえるでしょう。

日勤スタッフは、自然の力の重要性をきちんと理解し、日向ぼっこ（外気浴）ができる環境をつくります。洗濯は、干す・取り込むといった一連の動作によって身体のバランスを鍛える機会となります。車いすの方でも、ハンガーにかける・畳むという上半身を使った動きができる環境づくりを意識します。

あえて平坦でない道を一緒に歩くだけでも、筋力強化につながります。このような外出は、本人の身体能力や歩くスピード・方向感覚などを知るきっかけとなり、入居者が一人でグループホームを離れてしまうことがあった際には、いち早く見つけるための情報にもなり得ます。

入居者の年齢や身体能力・認知症状によって1日の過ごし方はそれぞれ異なります。あくまでもグループホーム全体の暮らしを最大限にいかした日中の過ごし方で生活リズムを整えていけるよう、ゆったりと楽しく心地よく暮らせることを心がけてケアをしていきます。

日勤と夜勤のスタッフが協力し合う

グループホームは24時間体制でのケアが行われますが、昼夜逆転に対しては、日勤と夜勤スタッフの協力体制が不可欠です。引き継ぎの際、日中・夜間の細かい申し送りをして、入居者の状態をしっかりと伝えるようにします。日勤の時間で眠気を抑えられるようどんなに頑張って活動しても、夜勤の時間でリラックスし、良質な睡眠が得られなければ意味がありません。

話すときの声のトーン、テレビの音量、見る番組、照明の明るさ・暗さ、部屋の温度や湿度、布団の重さなど、就寝する際の環境を整えることも大切です。

　就寝前の温かい飲み物と会話は、リラックス効果抜群です。皆が寝静まり、スタッフと1対1で過ごすゆっくりとした時間を楽しみにしている入居者もいます。こういった夜勤ならではのケアも大切にしたいものです。

適度な昼間のうたた寝は効果的

　日中起きておくことは大切ですが、加齢に伴い体力低下もみられるため、数回うたた寝をしたほうが夜間よく眠れたりします。これは自然な生理現象です。

　それを夜眠れなくなるからと、必死で起きていることのほうがストレスになるので、そのときは「休んでくださいね」と優しく声をかけていきます。

　しばしば昼食後、ソファで数人が一緒にうたた寝していることがあり、その気持ちよさそうな寝顔がわたしたちの喜びになっています。心地良い環境をつくることができたのだと嬉しくなります。

グループホームケアの原点と基本の考え方 第**1**部

6 他人の部屋から何かを盗ってしまう

自分の部屋を認識しやすくする

　他人の部屋に入る行動には、人それぞれ理由があります。自分の部屋がわからず入って、そこで目についたものを自分の物だと思って持って行ってしまったり、大切なものが見当たらず、探しているうちに他の人の部屋に入ってしまうという場合もあります。そうしたときは、まずは止めることなく見守り、本人の言動から部屋に入る理由を探ることが大切です。

　自分の部屋がわかりやすくなるよう、私たちのグループホームでは、部屋の入り口に目印として、暖簾をかけてみました。これは目隠しとしての役割も果たしています。また、本人が「私の家だから表札がほしい」と希望する場合は、名前札を入り口に貼りました。こうして自分の部屋を認識でき、グループホームの生活に慣れていくと、他の人の部屋に入るという行動は少なくなると思います。

かかわり方を振り返る

　また、ものを盗ってしまう行動に対しては、スタッフ間で自分たちの対応を振り返り、「かかわりは十分だったか？」「達成感や役割がある生活を送ることができていたか」など、本人の立場に立って考え続けることが大切です。

　私たちのグループホームにおいて、他の入居者の部屋に入ってしまう入居者がいたときは、その部屋に仏壇があり、お参りのためだったことがわかりました。

　ティッシュペーパー等を他の部屋から持ってくる人は、玄関の隅に置いてあった箱入りのみかんを、自分の押し車に入れて、仲の良い入居者に配るという微笑ましい姿が見られました。もともと誰かために行動するタイプの方だったので、ものを盗ってきてしまうのも、誰かに施すための行動だったのではないかと思われます。

143

本人のこだわりや価値観にはたらきかける

　グループホームにおいて入居者と一緒に生活していると、本人がこれまでの暮らしで培ってきたこだわりや価値観などがわかり、手続き記憶として残っている力もたくさん見えてきます。それらにはたらきかけて、「出番づくり」につなげることがスタッフの役割になります。

　いずれにしても、行動を止めるのではなく、日々の生活の中で、「あなたのことを見ていますよ」というメッセージを送り、かかわりと見守りの中で行動の理由を考え続けることで、対応のヒントが得られます。一人ひとりが安心して暮らせる居場所になっていくでしょう。

7 ものを集める

見守りとフォロー

　グループホームの生活において、利用者がトイレットペーパーやペーパータオルなどをポケットに入れたり、自室のタンスに入れたりすることがあります。

　そうした状況があっても、スタッフは慌てず、行動の理由を考えながら、持っていかれたものを元に戻したり、予備のものを用意したり、見守りながらフォローしていきます。

事例から考える

　入居当初よりトイレットペーパー等を収集する入居者がいました。本人にとっては環境が変わり、「ここはどこ?」「何をしていいのかわからない」などの不安な気持ちで過ごしていたのでしょう。ものを集めることが安心感につながっているのではないかと思われ、スタッフで見守っていました。

　そのうち、自室のタンスの中はトイレットペーパーやレジ袋等で一杯になり、さらには他の入居者のコップやタオル等の収集もみられるようになると、周りから苦情が出るようになりました。

グループホームケアの原点と基本の考え方 　第1部

　そのような状況が続き、自室で一人で過ごす時間が多くなっていきました。この入居者は、以前海苔網の工場で仕事をしていた経験があります。収集したビニール袋を切り裂いて三つ編みにした紐を作るのが上手だったので、「この力を活用できないか」と考えました。そして、シーツを割いた布を本人に渡すと、立派な三つ編みの紐が何本もでき上がりました。さらに、縫物が得意な他の入居者の力も借り、スタッフと一緒に協働制作でタペストリーを完成させました。廊下に飾り、私たちの宝物になったこのタペストリーを目にするたびに、グループホームケアの原点に戻っています。

入居者とスタッフで一緒につくったタペストリー

できることに注目する

　物を集める行動が見られる場合、スタッフはその行動のみに目が向きがちです。しかし、視点を変え、本人のできる力にはたらきかけることで、本人にとって達成感を得ることができ、自信につながると思われます。

　家族、スタッフにとっては、気になる行動に視点を当てるのではなく、できることに視点を当てることの大切さを知る機会になりました。本人のできることにはたらきかけ、出番を作ることはグループホームケアならではの役割だといえるでしょう。

9 | 看取り介護

グループホームにおける看取り介護の流れ

　介護保険制度において、グループホームに看取り介護加算が創設されたのは2006年の介護報酬改定からです。その背景には、利用者の重度化や医学的管理を必要とする方の増加があります。

　2007年には「人生の最終段階における医療・ケアの決定プロセスに関するガイドライン」が策定されました。2018年の改訂で「医療・ケアを受ける本人が多専門職種の医療・介護従事者から構成される医療・ケアチームと十分な話し合いを行い、本人による意思決定を基本としたうえで、人生の最終段階における医療・ケアを進めることが最も重要な原則である」と示されました。

　これは、本人を中心に家族や医療・ケアチームが多職種で医療や介護の方針を決めていくというプロセスの基本的な考え方となります。また、「心身の状態の変化等に応じて、本人の意思は変化し得るものであり、医療・ケアの方針や、どのような生き方を望むか等を、日頃から繰り返し話し合うこと（＝ACP〔アドバンス・ケア・プランニング〕の取り組み）の重要性を強調」としています。

　2021年度の介護報酬改定では、看取り介護加算の算定要件に、この「人生の最終段階における医療・ケアの決定プロセスに関するガイドライン」等の内容に沿った取組を行うことが加わりました。このように、グループホームにおいても、その住み慣れた場所で本人の意思を最大限尊重し、家族を含めた多職種によるチームの連携のもとで看取りまでを見据えた介護が望まれてきたといえます。

思いを共有するためのACP

　国は、ACPについて「人生会議」という愛称でその普及・啓発を進めています。

もしものときのために、自らが望む医療やケアについて前もって考え、家族等や医療・ケアチームと繰り返し話し合い、共有する取り組みです。

残念ながら、私たちは自分がいつどこで亡くなるかがわかりません。そのとき、誰が近くにいてくれるか、痛みはどうか、何よりやり残したことによる後悔はないかなど、普段はあまり考えないでしょう。しかし、生きている延長線上に死はあり、死が誰にも避けられない以上、自分の人生について考えることは大切なことであり、そこには年齢も関係ありません。

ターミナルケア、看取り介護、ACPなどの用語には、それぞれに意味がありますが、「自分らしくよく生きる」という点では共通していると思います。

その人らしく生きるための取り組み

2023年6月に、「共生社会の実現を推進するための認知症基本法」が成立し、認知症の本人の姿と声を通じて「新しい認知症観」を伝えていくという考えが示されました。多くの人は、楽しく、穏やかに自分らしく、自分の大切な人やものを大事にしながら生きていきたいと思っているのではないでしょうか。それは、年をとっても認知症になってもグループホームに入居しても同じです。

グループホームにおける看取り介護は、このような思いを本人と周囲が共有して、最期まで自分らしくよく生きることができる選択肢の一つであると思います。

もちろん、看取り介護を実施できないグループホームも多くあります。看取り介護を実践するには、医療との綿密なネットワークが必須となり、職員の技術・メンタルを含めたスキル、事業所の環境も重要です。ここでは、看取り介護の実践の有無について問うのではなく、グループホームに入居している認知症の人が、その人らしく生きていくための考え方や具体的な取り組みについて述べていきたいと思います。皆さんも普段の自分のケアを振り返りながらぜひ一緒に考えてみてください。

認知症の人の意思決定を汲み取った看取り支援

①日常のケアにみる本人の意思決定支援

　看取り介護に限ったことでなく、日常の介護には認知症の人の意思が反映されるべきです。たとえば、食べものの好き嫌いや、部屋での過ごし方、夜の就寝時間など一律にスタッフが決めることではありません。そして生きていくうえで必要な、食べる・飲むについても同様です。

　ここでは、日常のケアから看取り支援のあり方を考えてみます。次の場面を自分に置き換えて考えてみてください。

　グループホームに入居されているＡさん（94歳・女性）。最近食事量の低下がみられます。職員は心配して食事をすすめますが、「私はもう十分に生きました。ありがとう。私はもう食べたくありません」と言われます。それに対して職員は、「頑張って食べましょう」「もう一杯だけ水分をとりましょう」と声をかけます。

問1　この言葉がけをどう思いますか?

　　　□適切だと思う　　　　　　□不適切だと思う

問2　「もう食べたくない」という認知症の人の言葉には意味があると思いますか?

　　　□意味はない　　　　　　□意味がある

問3　あなたはこのような状況で「頑張って食べて」と言ったことがありますか?

　　　□ある　　　　　　　　　□ない

　私たちは、認知症の人の言動には、必ず意味がある、あるいは何らかのサインだと学んできたはずです。しかし、実際には認知症の人の「もう食べたくない」「もう飲みたくない」に対して、「頑張って食べましょう」「飲みましょう」という

言葉を繰り返していないでしょうか。

　同じようなことは、入浴場面でもあります。「今日は入りたくない」という方に、「入ったら気持ちがいいですよ」と言葉を返すことはありませんか。もし、そういうことが日常的に起きているとすれば、認知症の人の意思決定が十分に保障されているとはいえません。

②認知症の人の言葉を受け入れ、思いを汲み取る

　94歳の女性入居者が、「自分の人生を自分らしく、自分のペースで送りたい」と思い、精一杯の思いを発した言葉だとすれば、それを汲み取った職員の言葉は違うものになるでしょう。

　私は決して、食べない・飲まない・入浴しないことをすすめているわけではありません。ここで大切なのは、認知症の人の言葉を受け入れて、その意味を汲み取り、支援につなげることです。特に看取り期においては、入眠傾向が強まり、食欲は低下していきます。バイタルも不安定になり、いよいよ身体は死に向けた準備を始めます。

　そういう状態の方を支援していくなかで、職員や家族の思いは揺れるものです。「少しでも食べてほしい」「このままでは点滴が必要かも」…。しかし、それはすべて職員や家族の思いです。間違いではありませんが、その思いが優先する以上、認知症の人の意思決定は阻まれ続けます。

　「私はもう十分に生きました。ありがとう」という言葉に込められた意味を、医療従事者、家族も含めたチームで共有する必要があります。それを話し合いのスタートにしないかぎり、各専門職や家族の思いが本人の意思決定よりも優位になります。その言葉に込められた思いを、家族を含めたチームで考えることが看取り支援の重要なポイントといえるでしょう。

本人と家族等の思い

　グループホームに限らず、施設入居について本人と家族の間でも考えが違うことはよくあります。特に、看取り期においては、多くの家族が少しでも長く生きてほしい、でも苦しい思いはしてほしくないと願うものです。家族がそういう思いを抱えながらも、経管栄養になった高齢者は多くいます。経管栄養の是非を問うているのではなく、そういう現実があるということです。

　ここでは、看取り支援における事例から考えていきたいと思います。

事例：咽頭がんで亡くなったAさん

　アルツハイマー型認知症があり、グループホームに入居しているAさん（72歳・女性）。とても礼儀正しく、きれいな言葉を使う方でした。身寄りは県外に住む姪が一人です。

　のどの違和感で病院を受診したところ、咽頭がんが発見されました。すでに症状は進んでいました。もともと、食が細くゆっくり時間をかけて食べる方でしたが、次第にほとんど食べ物を口にしなくなりました。姪は「叔母の思うようにしてください。面会にはなかなか行けません」ということでした。

　ある日、Aさんは、若い頃に四国を旅行して讃岐うどんを食べた思い出を語ってくれました。人生でとても楽しい思い出だということです。そこで、スーパーで小さなカップうどんを買ってきて出したところ、「とてもおいしい」と言って食べてくれました。それから、Aさんと話してうどんをメインとした食事が続きました。出汁を変えて、いろんな味を少しずつ楽しみました。Aさんは半年後に亡くなられて、姪がお骨を持って帰りました。

　「うどんはおいしいね」と言いながら、時間をかけて少しのうどんを食べるAさんは嬉しそうでした。多分、栄養価もバランスも全く基準に沿ってないでしょう。それでも、チームは「おいしいものを少しでも食べられる」ことの支援の大切さを学びました。

　私たちは家族ではありません。本人にとって、より良いと思う判断だとしても、最終的には本人、家族が決めることになります。できるだけ、その人らしく生き

てほしいと願い、情報を提供し話し合いを繰り返しても、私たちの思いとは異なる判断がされることもあります。

そのため、ACP・人生会議が必要なのでしょう。認知症の人を中心に、その人の思いを聞いて、できるかぎりその言動の意味を汲み取り、介護支援として実践する。私たちは家族にはなれませんが、近くでその人の言葉を日々聞いています。その言葉に込められた意味を考えることができます。私たちは、認知症の人の思いを代弁（アドボケイト）することはできるはずです。

グループホームに入居してきた時点で人生会議を始めることは遅くはありません。その人や家族に寄り添うということは、関係性を築く中で、もしものときについても考え方を共有したうえで、日常の支援につなげていくことだと思います。

本人の言葉や思いからスタートする

①揺れる思いを支える意思決定支援

認知症の人の意思決定支援について、図4をご覧ください。認知症の人の意思決定支援は、「意思表明支援」「意思形成支援」「意思実現支援」のす

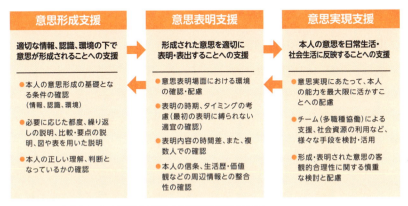

図4　認知症の人の日常生活・社会生活における意思決定支援

べてが相互関係にあります。どれも独立して存在するのではなく、生活を通して流動的に関係性をもちながら進められます。その精度をより高めるために私たちは、アセスメントをしてケアプランを立て、ケアを実践し、モニタリングして評価します。これを繰り返しながら、看取り期にはより細やかな支援計画を立て、苦痛や不安などの緩和に努めます。

②意思決定支援では急かしてはいけない

最終的な意思決定には、本人の不利益にならないための慎重さや、十分な客観的合理性などの検討が望まれます。そして、それは関係者の合意形成に向けてわかりやすく、丁寧に必要に応じて複数回実施されることになります。

そういう場において、家族や関係者に早急な回答を求めるような態度や質問は控えるべきです。検討の結果、一度決めたことが変わったとしても、それがその時の最善なのです。

認知症の人の状態が変わるように、家族やグループホームの状況も時間軸で変化していきます。ACPでは、気持ちや考えの変化が生じることを前提として柔軟な対応を求めています。

グループホームにおける看取り介護の可能性

①グループホームは変わったのか

グループホームが全国にでき始めた頃、看取り介護はあまり想定されていませんでした。入居者も比較的元気な人が多く、買い物や調理、散歩や畑の作業などみんなで一緒に行うことが多かったものです。

しかし、考えれば当たり前のことで、入居者が年を重ねることにより、重度化という問題が起きてきました。これまで一緒に活動してきたことが少なくなり、身体介護や医療的な管理も増えてきて、グループホームも変わってしまったという声を聞くことがあります。

それに加えて看取り介護が推進されるようになり、これはグループホーム本来の姿ではないという人も私の周囲にはいます。ただ、グループホームがなじみの場や関係、穏やかな環境というものを提供できる場であればこそ可能なことがあると思います。それは認知症の人にとって最も大切な信頼できる人たちとのつながりです。看取り介護加算ができたから看取り介護をするのではありません。その人が大切な人だから最期まで近くで支援したいのです。そのために必要な知識や技術を身につけていくのです。

②今を大切に

今後も、全国のグループホームで看取り介護が取り組まれていくことと思います。認知症の人の意思決定はその人本人がするということを忘れないでください。それがさまざまな要因で表明できないときは、私たちが気持ちを汲み取り、代弁者になりましょう。

今を生きる延長線上に死があるのであれば、グループホームが取り組む看取り介護は今この時を大切にすることだと思います。それは、あなたのグループホームで今日も生活されている認知症の人とあなたの関係そのものだと思います。

第2部

グループホームの
可能性とこれから

第4章 グループホームにおける人材育成

1 | 理念を共有化する

理念とは何かを理解する

「理念」というと、つかみどころがなく、雲の上にあるような、手が届かない大きなもの、というイメージをもつ人もいるかもしれません。しかし、「理念」は組織やチーム、そして個人にとっての道標であり、方向性を示すものです。理念を共有化するためには、以下の3つの理解が重要です。

① 「理念」とは何かを理解する

　物事のあるべき状態についての基本的な考え方のこと

② 「認知症ケアの理念」とは何かを理解する

　認知症の状態にある人をケアするうえで向かうべき方向性を示すもの

③ 「認知症ケアの理念の構築」とは何かを理解する

・これまで歩んできた認知症ケアの歴史的変遷を踏まえ、自らが認知症ケアの向かうべき方向性を明確にすること

・そのために、すべてのスタッフが理念を理解・共有し、基本としてとらえる

・そのうえで、理念をアセスメントとケアプランに反映させ、それをもとにした認知症ケアを実践すること

グループホームの可能性とこれから 第2部

理念の役割を理解する

次に大切なのは、理念の役割を理解することです。理念は、組織・チーム・個人の道標であり目標であり、目的地になるものです。さらには、本人、家族、スタッフの想いを言語化し、文章化したものであり、認知症ケアをよりよい方向へ導くためにあるものとして位置づけられます。こうした理念の役割を職員が理解することが大切です。

共通の理念をもつことで、組織・チーム・個人が目指す姿が明確化され、迷ったとき、困ったとき、戸惑ったとき、悩んだとき、苦しいとき、つらいときなどの指針・判断基準となります。

理念の共有化の実践例

私たちのグループホームでは、一つの事例を通して、ケアスタッフに必要な「基本的なあり方（理念）」を学び、実践に活かしています。ちなみに、そのグループホームには3つの理念があります。

一つ目は、**「自分のことは自分でする」** です。人には、自分でできること、できないことがあります。さらに、「できる」「できない」の他に、「やりたい」「やりたくない」という気持ちの部分も加わります。

私たちはこれらの4つを、自分の能力や環境に応じて判断して生きています。人は歳を重ねると、生活上さまざまな不自由さが生じてきます。そうした状態にある人へのケアのポイントは、この4つの項目の組み合わせを考えながら、基本は「自分でできることは自分でする」ように、彼らの出番をつくり、健康（残存）な能力（機能）をそそりながら、その人の回復・維持を目指すことでしょう。

二つ目は、**「互いに助け合うこと」** です。人は、一人では生きていくことができません。お互いに、支え合い、助け合い、協力し合うことで、生きているという実感をもちます。ケアの場においても、一方的にケアする・ケアされるという関係ではなく、ケアスタッフもケアされるという意識をもつことで、良好な関係

157

が築けるでしょう。

一つ目の「自分のことは自分でする」、二つ目の「互いに助け合うこと」は、グループホームケアの基本理念「人間統合」に該当します。

三つ目は、**「社会とつながっていること」**です。人は、必ず誰かと何かとつながっています。このつながりこそが、人として生きている実感や生きがいになります。

人と社会のつながりを「分断する」ことは、人が豊かに生活（暮らし）することを妨げます。人や社会とのつながりを適度に取り戻す（主体的に）ことが、本来の自分を取り戻すことにつながります。人と社会との関係は、自己のあり方を認識し、自ずと自身の人生に反映されるでしょう。

これは、グループホームケアの基本理念「自然統合」「地域統合」に該当するものです。

出番があれば生活が変わる（理念の共有化を実践した例）

あるご夫婦のお話です。二人とも認知症の症状が現れ、別の施設で暮らしていましたが、先に妻が、その後に夫がグループホームに入居し、同じ屋根の下で暮らせるようになりました。

夫は前の施設で、「仕事に行く」と言っては外に出かけようとするものの、職員に止められて、外に出られない環境だったようです。

グループホームに入居後も、初日から「みんなで口裏を合わせて俺を騙そうとしている」と言ったり、深夜に「窓を割ってでも帰る！」と怒ったりしていたため、その都度、スタッフが本人の気が済むまで付き合いました。

カンファレンスの結果、夫に対して、①いつでも外出できることをわかってもらう、②誤魔化したり、嘘を言ったりしない、③行動を止めない、ということを徹底するように全員で共有し、実践しました。

夫の様子を見て、妻は毎日のように泣いていました。妻の負担を軽くし、また、二人の関係を継続できるように取り組みました。具体的には、ゴミを集める・捨

てる、消毒作業、ホーム内の見回りなど、グループホームでの彼の出番を多く用意し、生活を再構築しました。

　すると2週間ほどで、夫は落ち着きを取り戻しました。仕事に行くと言うときは、「ここの仕事がまだありますが…」と持ちかけると、「そうか。出かけている場合じゃないな!」と言い、用意していた仕事に専念していました。

　今では、職員に「お疲れ様!」と挨拶をしたり、「窓が汚れているな」と言っては、バケツと雑巾を持ち、活き活きと窓拭きをする姿が見られるようになりました。夜は、懐中電灯を持って、館内の戸締りを確認した後、「宿直だからな〜。寝られるときに寝とくか〜!」とお休みになる毎日です。

　妻にも笑顔が増え、二人でお茶を飲みながら楽しそうにしている姿が見られるようになりました。

　ご夫婦にとっての一番のケアは、一緒に暮らし始めたことにあると思います。どこで生活しようとも、①自分の出番を創造できる環境を整えること、②人とのつながりを大切にすること、③社会とのつながりを大切にすること、④グループホームの3つの理念をスタッフが共有してかかわること。この繰り返しの支援(ケア)が、信頼関係を創造し、豊かな生活(暮らし)と幸せにつながります。

　理念の共有化は、いつでもどこでも、彼らの生活(暮らし)の中でのケアを通して確認できます。常に意識することは大切ですが、意識しなくても理念をベースとした支援(ケア)が行われることが望ましいといえます。

2 | 新人教育の方法

新人教育の基本

①認知症について学ぶ（認知症の理解）

　入職直後は、まず認知症に関する基礎的な知識を学びます。

②かかわり方を学ぶ

　生活を感じ取りながら、入居者と信頼関係を築くためのかかわり方（コミュニケーションの具体的な方法）を学ぶことに時間をかけます（最低1〜2か月）。

③介護技術などのコツを学ぶ

　関係性が築けた頃合いをみて、一人ひとりに応じた介護技術（介護、支援、ケア）のコツを、業務内での先輩による直接指導（On the Job Training［OJT］）で学びます。

関係を築くための具体的な方法6か条

　認知症の人とかかわるうえで、何よりも優先して伝えなければならない6項目について説明します。

①礼儀正しくかかわる

　"相手を丁寧に、価値のある人として思う"ことが基本的姿勢です。相手を敬う気持ちは必ず伝わります。逆に、軽視した心持ちでいると、自分自身の所作（表情・表現・行為・行動など）に現れ、残念な形で伝わってしまいます。丁寧にかかわることで、相手に受け入れてもらいやすくなるのです。

　具体的な例としては、挨拶が挙げられます。挨拶は、時間や場面によっても

異なりますが、大切なのは、こちらから一方的にメッセージを送り、相手の反応を待つのではなくて、相手の視界に入り、視線と目線を合わせ、メッセージを送ることです。ただし、あくまでも挨拶は手段であり、相手と良好な関係をつくることが目的であることを忘れないでください。

②つかず離れずの距離感を創る(保つ)

「パーソナルスペース」という言葉があります。これは、他者が近づいてきたとき、どれくらいの距離までならば許容できるかという範囲のことです。この距離は、人と人との関係性によって異なります。

介護現場では「寄り添うケア」が重要であり、入居者の隣で寄り添うことが美徳とされています。しかし、気をつけなければならないのは、相手との関係性です。関係性ができていない人がそばにいたら、どのように感じるでしょうか。もしかすると、うっとうしいと思うかもしれません。

また、そもそも人と交わることが嫌いな人・苦手な人もいます。入居者とかかわるときには、そうした特性を踏まえる必要があります。つまり、物理的な「距離」を精神的に「どう感じるか」が大切なのです(心理的距離感)。

距離感は、日々の暮らしのなかの出来事や感情などによって変化します。そうした変化を感じて、距離を縮めたり離れたりしながら、お互いが心地よいと感じる距離感を探ることが、人間関係をつくるうえで大切です。人の感情は常に動きます。その感情に、どうはたらきかけるか、相手の反応をどう見極めるかが、心地良い人間関係を築く第一歩(基本)となるのです。

③伝わる・つながるチャンネルを探す(増やす)

人は、たとえ認知症になったとしても、「感性」「感情」「感覚」はしっかり残っています。それらは、さりげなく自然に彼らの視界に入り、目線を合わせ、目の動きや表情、仕草、態度、振る舞いなどを通じて感じます。

次に、相手に応じて言葉をかけるのですが、ここでは声のトーン、強弱、抑揚を自在に操り、相手に合ったかかわりを探ります。

そして、相手とつながるための基本が、五感です。相手の五感と私たちの五感がはたらき合うことで、つながりが感じられます。それによって、彼らが発信していることを読み取る力、理解する力、つまり読解力が養われます。

また、感性を高めていくことで、直感的な感覚である第六感も自然と培われ、人間のもつ感性全体と心地よくつながることを学びます。

④相手に応じる

相手の言動に応じるということです。応じ方には二通りあります。一つは「反応」、もう一つは「応答」です。辞書を調べると、反応は「生体が、刺激を受けた結果として変化や活動を起こすこと」、応答は「結果を予測し、準備して応じること。問いや話しかけに答えること、受けこたえ」です。

「相手に応じる」とは、たとえば、相手の言動に応じて「はい」「うん、うん」「わかります」「そうですね」「大変ですね」「いいですね」「そうですか」と共鳴することです。もし言葉が思い浮かばないときは、相手の発した言葉をそのまま返すことで、相手は自分の話を聞いていると実感します。この応じ方は、相手に「あなたの話を聴いています」という合図にもなります。

アイコンタクトのポイントは、「相手の視界」に入り、「目線を同じ高さよりも若干低め」にし、「相手に視線を合わせる」ことです。この繰り返しが、「信頼関係の築き」の一助になります。

⑤相談事をもちかける

認知症の状態にある人のケアの目的の一つに、「自尊心が高められること」があります。そのため、「お願い上手」「お頼み上手」「そそり上手」「やらせ上手」によって、彼らの自尊心をくすぐります。「そそり上手」とは、その人の興味・

関心がそらされるようにすることです。

　相談事をもちかける際には、「自分でできることは自分でする」を基本に、彼らの出番をつくり、健康な能力（機能）を保ち、回復を目指します。「教えてもらえませんか」という謙虚な姿勢で、認知症の人の自尊心に委ねてみます。人は、頼られると嬉しいものです。この「ほめる」を別の言い方にすると、「称賛」「賞賛」です。「称賛」は、相手の言動を「言葉」で「誉める」こと、「賞賛」は、相手の言動を「褒美」をもって「褒める」ことです。

　私たちとの関係性で大切なのは、言葉を用いた「称賛」のほうです。私たちの仕事で使う「ほめる」とは、人を称え、称賛することに使います。これを学ぶことが、良好な人間関係の構築につながります。

⑥ユーモアとリアクションは大げさに

　ユーモアは大事です。誰かと話しているとき、ユーモアを交えて少し大きめのリアクションが返ってくると、嬉しくなりますし、何より印象に残ります。

　しかし、大袈裟でなくても、次のような仕草（所作）をするだけで、相手の感じ方はまったく変わります。

- ・返事をする（少し歯切れよく）
- ・相槌を打つ（少し弾むように）
- ・相手の目を見て話を聴く（少し前のめりで）

　人と人がつながるうえでは、そのときの言動、仕草や振る舞い、表情、表現、つまり「所作」の学びが大切です。人間の心は表情や言葉に現れやすいものです。

　ケア技法や技術的なことばかりに気をとられていると、人の気持ちをどこかに置き去りにしてしまいます。不信感や疑心をもたれないための第一歩は、相手によい印象を与えることです。自分の所作を再度確認してみることが大切です。

3 | OJTとスタッフミーティング

OJTの目的

OJT（On the Job Training）は、実際の職務を通じて知識や技術を直接指導する手法です。個別の能力に合わせた具体的な指導ができるという点で優れていますが、指導する側の能力によって、育成効果にばらつきが生じてしまうというデメリットもあります。OJTを推進していくためには、教え方や教える内容を統一するなどの標準化が必要です。

理想的なOJTは、達成目標・育成期間・育成内容を定めた計画を個別に作成し、先輩職員と後輩職員が面談等で定期的に進捗を確認しながら行うことです。しかし、現状としてはOJT計画すら作成できていない事業所が多いと思います。個別の計画を作成しなくても、担当者がOJTについて理解しており、ポイントを押さえていれば、OJTは可能です。

OJTの方法

教える、やってみせる、経験させるというのが主な方法です。その際、根拠を教えることが大事です。単に「これをやってください」「あれを覚えてください」と伝えるのではなく、なぜその業務が必要なのか、なぜその時間にやらなければいけないのか、その理由や目的を丁寧に説明することが必要です。

説明には時間を要しますが、そこを惜しまずに、自分で考えることのできる職員を育てます。生産性向上に取り組む一つの要素として業務改善があります。職員に見直せる業務がないかどうかを検討してほしいとお願いすると、「これ以上減らせません」「時間も変えられません」と返ってくることがあります。

しかし、一緒に順を追って確認していくと、整理できる業務はあります。業務改善を行う際、業務の根拠を理解していれば、「この業務は時間をずらしても

問題ない」「この業務は2回から1回に減らすことができる」などと考えられます。

OJTの期間を定める

OJTの期間と内容は、事業所として標準的なものを定めたほうがよいでしょう。たとえば、私の実際の経験として、A、Bという2名の職員が同時期に入職して、A職員にX先輩が、B職員にY先輩が担当についたことがあります。X先輩・Y先輩の考えのもとでOJTを進めたところ、半年後に2人の新人の習得状況にズレが生じていました。

当時、「夜勤ができるようになったら独り立ち」と考えていましたが、A職員は4か月で夜勤ができるようになったものの、B職員は半年経過しても夜勤に入れませんでした。

A職員・B職員はともに無資格で高校卒業後に就職し、法人全体の新人研修を受けました。当初は、知識・技術のレベルにほとんどない差がない状態でしたが、半年後に開きが生じたのは、X先輩・Y先輩の業務のとらえ方と力量、個人の性格によるものでした。

X先輩は、「まだ一人で勤務をさせるのは不安なので、独り立ちは難しい」と繰り返していました。慎重なのはよいことですが、どのような点が不安なのかを確認しても、具体的には出てきません。

そのようなことがあってから、どの業務をいつまでに習得するか（到達目標）を示した育成スケジュールを作成し、どの職員がかかわっても同じ内容で進められるようにしました。そして、時期がきたら新人職員の自己評価とOJT担当者による評価を行い、両者の評価結果をもとに、上司も入って面談を行うことにしました。

これによってOJT担当者による到達時期のばらつきが解消されました。もちろん、新人側の課題により目標に到達しない場合もありますので、その都度到達できなかった理由を双方で明らかにし、計画の内容を修正することも必要です。

教える側も学ぶ姿勢をもつ

　「その場しのぎの指導」ではなく、指導対象スタッフの背景にある要因に合わせた指導をすることが大切です。したがって、教える側にも継続した学習が必要です。教えることで、自身の考え方を整理・言語化でき、自己の成長につながります。

　OJTは、必ずしもリーダーやベテラン職員が担当するというわけではありません。新人に近い年齢の職員が担当したり、初任者から中堅の間くらいのほうが適していることもあります。ケースバイケースで選定するとよいと思います。

外国人介護人材への対応

　近年は、技能実習生や特定技能の外国人材を受け入れているグループホームが増えてきました。外国人介護人材の場合は、認知症ケアを学ぶことに加え、生活に慣れることと、日本語を学ぶことを丁寧に指導することが必要になります。

　現場でよくあるケースとして、職員からの説明の内容を十分に理解できていないにもかかわらず、「大丈夫です」「わかりました」と返事をしてしまうことです。外国人材に対しては、物事を伝えるときに、短く事柄を伝えること、言葉を言い換えながら説明します。そして、時間や日を空けて繰り返し確認することが大切です。また、教えたこと、伝えたことをメモする時間をつくることも忘れないようにしましょう。

　利用者への声かけについては、敬語が望ましいですが、その種類と用法が多様なのが日本語の特徴であり、難しいところです。最初のうちは、命令口調にさえならなければよしとして、徐々に覚えてもらいます。

　加えて、内部研修や法人内研修などで「介護の日本語」を学ぶ時間を設け、少しでも早く日本語を習得できるように、事業所として配慮をすると、外国人材の方も働きやすくなるはずです。

　外国人材には精神的なサポートも必要です。家族と離れた生活でホームシッ

クになる職員もいれば、日本食に慣れず食欲が低下する職員もいます。仕事も覚えなければいけないという緊張感から体調を崩す職員もいます。外国人材にはメンターのような役割を担う職員を決めておくとよいでしょう。

よくコミュニケーションがとれている職員に業務のことだけではなく、生活のサポートや体調確認、悩みごと相談を日頃からしてもらうようにすると、外国人材も安心して働くことができます。

スタッフミーティング

グループホームでのミーティングにはさまざまな形態があります。職員の負担にならないこと、業務に支障をきたさないことをポイントに、それぞれの事業所の人員体制やタイムスケジュールに合わせて組み入れましょう。

チームが所定の場所に集まり、対面で行うことにはこだわらなくてよいと思います。筆者の事業所では、夜勤者から翌日の早番職員へ、当日の遅番職員から夜勤者には口頭での申し送りが行われますが、それだけでなく、ホワイトボードや引き継ぎノートも活用し、情報共有を図っています。

また、時間帯や内容などルールを決め、LINEも活用しています。1ユニットのグループホームだと職員同士が近いので、前述のような内容でスムーズな職員連携が図れます。複数ユニットの場合、パソコンのネットワークで共有フォルダを作成し、誰もが見られる状態にし、そこに掲示板という形で日ごとにその日の利用者の通院・外出予定や職員の研修・会議予定、事業所としての行事予定、全体への周知事項、ヒヤリハットなどを掲載するようにします。出勤時に掲示板を確認してから業務を開始するというルールにすると、聞いていない、見ていないという問題を解消することに役立ちます。

4 | ストレスマネジメント、モチベーション向上

　介護職が強いストレスを抱えていると、働く意欲が低下したり、体調不良を起こしてしまったりする場合があります。また、ストレスの高い職場はケアの質にも影響します。そのため、事業所全体として働きやすいチームをつくる必要があります。

「人」を知るということ

　職員同士の人間関係が悪いと、ストレスを感じるだけでなく、離職の原因にもなります。良好な人間関係を構築するためには、お互いを理解することが大切です。相手を知ろうとする意識をもってかかわるようにしましょう。

　距離感や話すスピード、理解の程度などは個人差があるので、相手に合わせたコミュニケーションをとります。かかわっていくうちに、その人の考え方や価値観が見えてくるでしょう。

人事考課と個々の目標設定

　専門職として、知識や技術の向上を目指すことが大切です。認知症や介護技術などの新しい知見や情報に目を向けるようにしましょう。

　また、事業所が目指すスタッフ像を明確にするとともに、一人ひとりのスタッフが「自分はどんな専門職になったらいいか」「何を学び習得していきたいか」という目標設定を行い、そこを目指しながら業務にあたり、その結果を評価するというしくみづくりが必要と考えます。その際には、評価シートを作成し、記録していきます。

グループホームの可能性とこれから 第2部

表5 評価の内容と方法（例）

評価すべき項目	自己目標設定	評価	面接の留意点
・協調性 ・責任感 ・挨拶 ・ケアプランの理解度（アセスメント、実践、記録） ・具体的な介護技術	・1年に1度 ・さまざまなアイテム（カードを使用する方法やシステムの導入など）使用してもよい ・主任と協議し設定する ・主任は上司と協議し決定する	・半年後に途中評価 ・自己評価と主任の評価を共有。最終評価点は上司 ・評価点は5段階 ・合計点数が人事考課に反映 ・評価の効果測定基準はある程度一定であること	・できること、得意なことを共有して伸ばしていく目線で ・苦手な部分も、少しでもできるようになるように ・資格取得を目的にしてもよい ・ストレスが影響となっていないかということも課題として設定してもよい ・上司とスタッフが話す機会が意図的につくられることになるので、そのスタッフが悩んでいることや課題と感じていることなどを話しやすくなる

スタッフ同士のトラブルはお互い様

当事者同士で解決するのが望ましいですが、自分たちでは解決できず、関係性が悪化してしまったり、それによってほかのスタッフもやりづらさを感じてしまったり、波紋が大きく広がってしまう可能性もあります。そうなる前に誰かが介入し、話し合いの場を設け、お互いを理解し合うことが必要です。

人は見かけだけで判断しがちですが、先入観にとらわれず、声をかけ合い、直接対話をもってみることで、お互いの理解を深める努力が必要です。

それでも、介入したほうがいいと思ったときは、そのタイミングとどのように話すかを十分に検討しましょう。タイミングが悪いと、かえってこじれてしまう可能性もあるので、注意が必要です。「誰も知らないはずなのに、どうして知っているの?」といったことにならないようにしなければなりません。介入するにあたり、

トラブルの相手にそのことを伝えなければならないときは、その人に必ず「解決するためにそのことをあなたが言っていたと言っていいか?」と事前に了承を得たうえで介入すべきです。同意が得られず、「言わないでほしい」という場合は、別の方法を考えましょう。

　家庭的な環境のもと、なじみの関係で疑似家族のような暮らしを利用者に提供するのがグループホームです。そもそも知らない者同士がその環境で毎日をともにするのですから、スタッフ間でも分かり合えない小さな軋轢はあって当然です。「こうでなければならない」と決められたことを忠実に守ろうとしたり、できない人を責めたり、新しい方法を受け入れない風土があったりすることがスタッフのストレスになり、関係性の悪化につながっていくものです。

　私たちは対人援助の専門職として、その関係性を上手に築き上げるスキルを習得することが求められるのです。

チームづくり

　チームのなかでリーダーの役割はとても重要で、いつでも決断力と判断力をもって対応してくれる頼りになる存在です。そのため、チーム内でトラブルが発生したとき、すぐに「リーダーに何とかしてもらおう」という方向に行くことが多くなります。

　それももちろんよいのですが、できれば、日頃からメンバー同士が自律的にコミュニケーションをとり、メンバー同士で起こる小さなストレスはメンバー同士で解決していくことが重要です。そのチームをつくっているのは、リーダーではなく一人ひとりのメンバーです。また、メンバーは一人ひとりがリーダーであるということを意識して、働きやすい職場を目指しましょう。チームをつくるのは、メンバー一人ひとりの責任です。

5 | 法定研修の組み立て方

法定研修について

　介護事業所における法定研修とは、運営基準に実施が義務づけられている研修のことをいいます。施設の種別により違いはありますが、基本的には介護サービスの内容や職員のスキルを高めることを目標にしており、事業者は必要な研修を職員に受講させなければなりません。2024年度の介護報酬改定では、BCPや身体拘束等の適正化の推進、高齢者虐待防止の推進などの法定研修が位置づけられました。

　研修には、事業運営をしていくうえで必須のものや、加算および減算にかかるものもあり、法定研修を効率的かつ実効性のあるものとして体系化して組み立てる必要があります。法定研修だけを実施すればいいというわけではありませんが、法定研修を開催・受講していない場合には、減算対象になるおそれや運営指導等で指導の対象となることが考えられます。

　何より、研修の受講で職員の資質向上の機会が増え、入居者へより適切なサービスを提供できる可能性が高まります。

多様化が進む研修スタイル

　一方で、グループホームでは少人数の職員が変則勤務を行っており、研修の開催も難しいという声を聞くことがあります。また、外部講師を呼ぶにも謝金等の問題などがあり、研修の質の担保が課題になっています。そこで、グループホームにおける研修の開催方法について考えてみたいと思います。

　各県には小規模事業所や介護職を支援する公的機関があります。そういう機関の事業を活用して研修を実施するというのも一案です。

①都道府県社会福祉協議会

　社会福祉協議会は各県に設置されており、さまざまな業務を担っています。年間を通じて、体系化された各種研修を実施しています。介護職の経験に応じた階層別研修などを行っており、同じような悩みや課題を抱える職員のスキルアップの場になっています。

②介護労働安定センター

　各県の介護労働安定センターでは、介護労働に関するさまざまな情報提供や各種研修等を開催しています。ここでは専門研修もありますが、事業所に専門的な職員が出向いて介護、労務管理、処遇改善加算取得等の支援が実施されています。

③インターネット・オンラインを活用した研修

　コロナ禍を経て、一気に広がりを見せたオンライン研修ですが、今はいつでもどこでも視聴できるオンデマンドなどの動画配信があります。なかには、介護の法定研修を網羅して、職場内研修で活用できるものもあります。

　また、2024年から完全義務化された認知症介護基礎研修は、eラーニングで受講できます。eラーニングは、主にインターネットを利用して学ぶ学習形態です。時間も場所も受講者のペースに合わせられるために、急速に広がっています。これからは自分たちだけで研修を組み立てていく発想よりも、身近な機関やツールを活用してより、職員の理解度に応じた研修の組み立てが可能になっています。

法定研修の組み立て方

　研修計画について考えるときに、おおむね以下のようなことを押さえて組み立てると、効果的な研修が期待できます。

①研修計画の実際

- ・法定研修で必須となっている研修
- ・短時間で効果的な研修
- ・その他、事業所において必要と思われる研修
- ・オンラインと対面研修の組み合わせ
- ・組み合わせ可能な研修・委員会等は同時開催する

②研修のねらいを明確にする

　研修を企画・実施する場合には、その研修で理解すべきことや学びを深めてほしいことが必ずあります。これを研修のねらい（達成の目標）といいます。ただ漫然と実施される研修では、職員は何をどう受け止めればよいかわかりません。

　そこで、テーマに沿った研修のねらいが重要になります。ねらいは、難しいものではなく、受講した職員に研修終了後に理解してほしいことにします。たとえば、身体拘束適正化研修では、基本的なこととして「身体拘束の弊害について理解する」といった感じです。

③職場内研修は短時間でかつ事前準備が大切になる

　研修は時間が長ければよいというものではありません。特に、職場内研修となれば、限られた時間で職員の実践的な学びにつなげる必要があります。

　また、業務終了後に研修を実施することが適切かという課題もあります。働き方改革など介護の職場環境を改善する取り組みも進んでいます。たとえば、日中帯に20分間のミニ研修を1か月に3回実施すれば、60分の研修を開催したことになります。職員が全員参加するのは困難なので、研修状況を録画して、後で視聴してもらうなどの方法をとっている事業所もあります。

　変則勤務の仕事の場合、短時間で複数回実施するなどの工夫で集中力が高

まり、効果的な場合もあるかもしれません。また、参加する職員には、研修に向けた事前の準備があると、より効果的です。たとえば、資料を事前に配布しておき、時間のあるときに目を通してもらうなどです。

それによって、次のような効果が期待できます。

①研修参加へのモチベーションアップ

②受動的ではなく主体的な参加

③研修内容の理解度と達成度が高まる

これからの研修に必要な視点

①研修のスタイルはこれからも多様化していく

今後も、研修は専門領域や地域等においてもインターネットやオンライン活用が増えていきます。グループホームケアにおいても、より専門的な知識や技術が求められていくなかで、研修計画はより職員の理解度に応じて上手にデジタルツールを活用する必要があるように思います。職員の理解度に応じたオンラインを活用した研修をこまめに実施することで、負担感も少なくより効果的な研修の構築が可能になっていくと思います。

とはいえ、オンラインですべての学びができるわけではありません。対面も含めた多様なスタイルで行うことにより、さまざまな場面で活用できる学びへと近づくものです。

②研修計画のポイント

人材不足の中であっても、法定研修に加えてそれぞれのグループホームの実態や職員の状況に応じた研修は求められます。2024年度の報酬改定で定められた法定研修については、手探りの状況が続くかもしれません。法人や会社に属しているグループホームは、当面は一体的な運用が可能な研修についてはその方向で実施を検討すべきでしょう。

グループホームの可能性とこれから 第2部

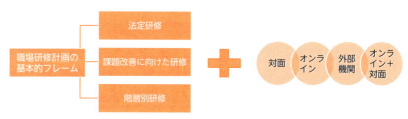

図5　職場研修計画の基本フレームと多様な選択肢

　研修計画を作るうえでのポイントを図5にまとめます。

なぜ研修が必要なのか
①研修の意味
　そもそもなぜ研修は必要なのでしょうか。身体拘束や虐待を防止するためでしょうか。あるいは、看取りケアを進めて加算を取得するためでしょうか。では、研修を受けたからといって、それらをすべてケアに展開することが可能でしょうか。たとえば、権利擁護や尊厳について職場内研修を実施しても、入居者に対して、「ちゃん」付けや愛称で呼ぶグループホーム職員は少なくありません。そういう人たちの言い分は、「信頼関係がある」「そのほうが本人の反応がよい」といったものです。すべての研修には認知症の人と、人として向き合い、その尊厳を大切にしたかかわりを保つかという根源的なねらいが含まれています。そのねらいを達成していくために、さまざまなフレームワークや技法等を用いて私たちは学ぶのです。

　実際には、研修の学びをケアに展開することは容易ではありません。研修の学びはもろく、絶対ではありません。情報や知識、技術は日々進化していくものです。私は、研修の意味について、未成熟な自分を俯瞰するための時間と捉えています。認知症ケアに正解や終わりがないように、私たちの学びにも終わりはありません。

「信頼関係がある」とか「そう呼んだほうが反応がよい」といった主観的視点から脱するための場として研修はあるのではないでしょうか。そういう意味では、自分の日頃の言動を含めたケアを客観的に振り返ることができる時間が効果的な研修だといえるでしょう。

②生活を支援するという普遍的理念

私たちの仕事は認知症の人の生活を支援することです。これはグループホームでも特養などの大規模な施設でも同じです。

どのような形態の施設であれ、皆さんの職場で開催される研修が「生活を支える」という理念に基づく内容であり、それらを実現するためのものでなければなりません。

第2部 グループホームの可能性とこれから

6 外国人介護人材の活用と育成

　少子高齢化が進む日本では、介護人材の不足が深刻な問題となっています。この課題を解決するために、外国人労働者の活用が注目されています。認知症ケアにおける外国人介護人材の活用と育成についての現状と課題、今後の展望について考えていきます。

認知症ケアにおける外国人介護人材の現状

　日本における外国人介護人材の数は年々増加しています。EPA（経済連携

表6　介護分野の外国人受入実績

在留資格	在留者数
EPA介護福祉士・候補者	3,257人（うち資格取得者635人）
在留資格「介護」	5,339人
技能実習	15,010人
特定技能	28,400人

※厚生労働省「介護分野における特定技能協議会運営委員会 介護分野における外国人の受入実績等」2022

表7　主な国籍・地域別 特定技能1号在留外国人数

国・地域	特定技能 在留者数	介護分野 在留者数
ベトナム	126,740人	8,970人
インドネシア	44,298人	9,740人
フィリピン	25,303人	4,092人
ミャンマー	19058人	8,083人
中国	15,660人	1,143人
カンボジア	5,461人	307人
ネパール	5,383人	2,743人
タイ	5,174人	303人
その他	4,517人	1,318人

※出入国在留管理庁「特定技能在留外国人数（令和6年6月末現在）」

協定）に基づく介護福祉士候補者や技能実習、特定技能として、多くの外国人が日本で就労しています。主にアジア諸国（ベトナム・インドネシア・フィリピン・ミャンマー）からの労働者が多く、全国各地の介護施設に就労しています。

　2021年以降からは特定技能の介護人材が増え続けており、2023年1月末時点の在留者数17,066人（入管庁速報値）から、2024年6月末時点では36,719人となりました。特定技能の12分野（介護、ビルクリーニング、素形材・産業機械・電気電子情報関連製造業、建設、造船・舶用工業、自動車整備、航空、宿泊、農業、漁業、飲食料品製造業、外食業）中、トップ3に入る在留者数となっています。

外国人介護人材の活用の意義とメリット

①多様性の促進

　外国人介護人材の活用は、職場の多様性を促進します。異なる文化や価値観をもつ人々がともに働くことで、チーム全体の視野が広がり、創造的な解決策が生まれることが期待されます。

②人材不足の解消

　日本の介護業界は深刻な人材不足に直面しています。2022年の厚生労働省「第9期介護保険事業計画に基づく介護人材の必要数について」では、「都道府県が推計した介護人材の需要を見ると、2026年度には約240万人、2040年度には約272万人が必要と推計されています。2022年を215万人とすると、2026年度末までに年間6.3万人ずつ、2026～2040年度末までに年間3.2万人の人材を確保する必要性を推計しています。外国人介護人材の導入により、この不足を補い、安定した介護サービスの提供をしていく必要があります。

③異文化交流の機会

外国人介護人材がいることは、認知症高齢者にとっても新しい刺激となります。異文化交流を通じて、認知症高齢者の生活の質を向上させることができます。

外国人介護人材の育成に関する課題

①言語の壁

言語の壁は外国人介護人材が直面する最大の課題の一つです。日本語の習得には時間がかかり、介護現場でのコミュニケーションの障害となることがあります。

②文化や宗教観の違い

日本の介護現場における習慣や価値観に適応するには、時間と努力が必要です。

③法制度や受け入れ要件の理解

外国人介護人材を受け入れるための法制度の理解や、受け入れる企業や施設が受け入れ要件を満たすことも重要な課題となります。在留数が多くなってきている在留資格「特定技能」については、2019年から始まった新しい制度であるため、今後の適切な法整備が求められます。

外国人介護人材活用の具体的な方法

①言語教育の強化

外国人介護人材のための日本語教育を強化し、コミュニケーション能力を向上させることが重要です。オンラインコースや実地研修など、多様な学習方法を提供することが必要となります。日本語教育以外にも、介護記録のためのパソコンやタブレットを使用した教育も必要となってきます。

②文化適応支援

　文化や宗教の違いを理解し、尊重するための教育を行います。異文化交流のイベントやワークショップ等を通じて、相互理解を深めます。

③キャリアパスの提供

　外国人介護人材に対して、明確なキャリアパスを提供し、長期的なキャリア形成を支援します。資格取得のサポートや昇進の機会を設けることで、モチベーションを高める必要があります。

外国人介護人材育成の事例

①ケーススタディ 1 ：EPA による介護福祉士候補者の育成

　EPA（経済連携協定）に基づき、フィリピンやインドネシアからの介護福祉士候補者が日本に来ています。彼らは日本語の研修を受けた後、介護施設で実習を行い、介護福祉士資格の取得を目指します。

②ケーススタディ 2 ：技能実習生制度の活用

　技能実習生制度により、ベトナムや他アジア諸国から多くの実習生が来日しています。彼らは日本の介護施設で約 3 年間の実習を行い、介護技術を学びます。実習終了後、多くの実習生が母国で介護職種に従事したり、日本での就職を目指したりしています。

今後の展望と提案

①外国人労働者の受け入れ拡大

　今後、外国人介護人材の受け入れをさらに拡大することが必要です。そのためには、法制度の整備と受け入れ体制の強化が不可欠です。

②持続可能な支援体制の構築

　外国人介護人材が長期的に働きやすい環境を整えるために、持続可能な支援体制の組織のなかで、構築することが求められます。これには、住居や生活支援、丁寧なメンタルヘルスのサポート、その国の歴史・文化・宗教的背景を知ることなどが含まれます。

③技術革新と教育の融合

　ICTやモバイル端末を用いたテクノロジーを活用した教育プログラムを導入し、その人の言語レベルに合った指導方法、私たちの語学力向上も含め、外国人介護人材のスキルアップを図ることが大切です。オンライン学習やシミュレーション技術を活用した研修も効果的です。

④地域における多文化共生の推進

　多文化共生を推進するために、地域社会全体で外国人介護人材を受け入れる姿勢を育てます。地域住民との交流イベントやボランティア活動を通じて、相互理解を深めなければなりません。私たちと同じように、外国人介護人材の人たちにもプライバシーがあり、日常生活の充実があってこそ、よいケアができるということを忘れないようにしましょう。

　外国人介護人材の活用と育成は、日本の介護業界における重要なテーマです。多様なバックグラウンドをもつ人々がともに働くことで、私たちにも新たな視点やアイデアが生まれ、認知症ケアの質の向上に寄与します。

　今後も、外国人介護人材の受け入れと育成に向けた取り組みを進めていくことで、よりよい介護環境を実現することが期待されます。

7 運営推進会議の進め方

運営推進会議とは

　運営推進会議は、「指定地域密着型サービスの事業の人員等に関する基準」および「指定地域密着型介護予防サービスの事業の人員、設備及び運営並びに指定地域密着型介護予防サービスに係る介護予防のための効果的な支援の方法に関する基準」の規定に基づき、提供しているサービス内容を可視化し、地域との連携や事業所運営の透明性、またサービスの質向上に資することを目的として、2006年度より制度化されました。

　サービス内容を利用者の家族、市区町村、地域住民の代表者等に明らかにすることより、運営の透明性を確保します。また、地域に開かれたサービスとして、単なる報告や情報交換にとどまらず、参加メンバーから率直な意見をもらうことより、サービスの質の確保・向上を図っていくことができます。

　事業所と地域との相互理解の場にもなるため、継続が重要です。現在は、利用者の重度化への対応や認知症の人、その家族を支える認知症ケアの拠点としての役割を果たすうえで運営推進会議の役割がさらに重要となっています。2021年度より、グループホームは運営推進会議を活用した外部評価と外部評価機関による評価のどちらかを事業所の判断で選択できることになりました。

　地域密着型サービス事業者は運営推進会議の設置が義務となっていますので、その概要や流れを押さえておきましょう。

運営推進会議の概要と流れ

①参加メンバー

　基本的に事業所の管理者または事業所の代表、利用者、利用者家族、地域住民の代表者（町会・自治会役員、民生児童委員、老人クラブ代表者、

消防署、消防団、近隣の小中学校長・保育園長等）、市町村職員または当該事業所を管轄する地域包括支援センター職員、各地域密着型サービスについて知見を有する者（近隣の医療機関医師・看護師、他法人事業所の管理者、認知症ケアに携わっている者、認知症キャラバンメイト等）です。

②開催頻度

認知症共同生活介護	おおむね2月に1回以上開催 自らのサービスの評価の場合、運営推進会議で、1年に1回以上は自己評価及び外部評価を実施
認知症対応型通所介護	おおむね6月に1回以上開催

③会議の役割（内容）

　運営推進会議では事業所の運営状況を報告して、参加メンバーに評価をもらい、評価（感想等）を受けます。必要な要望や助言等を聴く機会となりますので、助言などについて気軽に発言できるよう配慮し、できる限り双方向的な会議になるような環境づくりに努め、議題の選定も検討しましょう。

【議題の例】

- 活動報告は、事業所の運営方針や特色、利用者の年齢・介護度、日々の活動内容やレクリエーション・行事の報告と次の計画、事故の発生状況・その対策・その経過報告、利用者の健康対策に関する取り組みを行います。
- 地域との連携は、ボランティアの受け入れ状況や事業所の行事参加へのはたらきかけを行い、地域連携に努めます。自治会、老人会や子ども会等との交流イベント、地域行事への参加や共同開催などがあります。

---

④記録の作成・保存・公表について

　以上の報告内容、評価、要望、助言等について、会議開催後は速やかに記録（議事録）を作成します。議事録には、開催日時、開催場所、出席者、

会議の議題・報告事項と評価、感想、要望、意見、助言の内容を記録します。

【議事録作成・公表の留意点】

● 参加メンバーのプライバシー保護のため、利用者個人が特定される部分は議事録から削除するなど配慮をする

● 議事録の保管は完結の日から5年

● 議事録の公表は、事業所のホームページに掲載や、事業所の玄関など訪問者が見やすいところへ掲示する

● 事業所の広報誌等により、利用者・地域団体・会議参加メンバー等へ配布する

● 会議で話し合った内容は事業所職員にも共有し、今後の運営に活かす

---

⑤合同開催について

　2018年介護報酬改定において、運営推進会議の効率化や事業所間のネットワーク形成の促進等から開催方法の緩和が行われました。事業所によっては、運営推進会議を他の事業所と合同で開催するケースもあります。

【合同開催の条件】

● 利用者および利用者家族については匿名とするなど、個人情報・プライバシーを保護する。

● 同一の日常生活圏域内に所在する事業所であること。

● 合同して開催する回数が一年度に開催すべき介護・医療連携推進会議や運営推進会議の開催回数の半数を超えないこと（地域密着型通所介護、認知症対応型通所介護は除く）。

● 外部評価を行う介護・医療連携推進会議や運営推進会議は、単独開催で行うこと。

⑥運営推進会議を成功させるためのポイント

会議ごとの議題や目的をしっかり定めておくことが大切です。運営推進会議の目的は、単なる活動報告や情報交換ではありません。目的は、サービス内容を明らかにし、サービスの質の向上をすることです。そのためには、柔軟に、決まった形にとらわれずに、開催しやすく、また参加しやすくなるように努めましょう。

運営推進会議のメンバーには規定がありますが、そのなかで毎回同じメンバーに固定する必要はありません。役職や肩書にとらわれず、メンバーを固定せずに、積極的に参加を呼びかけ、多くの意見が得られるようにしましょう。メンバー選定に前向きな人が入るように意識すると、会議の際の空気もいい方向に変わり、円滑な意見交換につながります。

活動報告だけで終わっていては、「サービスの質の向上」という目的は達成できません。参加メンバーには市町村職員やサービスについての有識者等もいますので、ありのままの事業所の困りごとを共有して、深掘りしましょう。

事業所の課題の解決策に地域や自治体の協力が必要な場合は、サポートを呼びかけるのも一つの手段です。地域包括支援センターとの連携を密にすることで、よりよいサービスにつながります。

地域包括支援センターや市町村の協力や連携、社会資源の活用は欠かせません。運営推進会議での意見交換は、地域包括支援センターの職員と信頼関係を深めるためのよい場にもなりますので、積極的に事業所の取り組みや考えを共有して、市町村と連携できるように意識しましょう。

第5章 地域の社会資源としてのグループホーム

1 地域におけるグループホームの役割

地域とグループホームの関係

　介護保険制度が開始された2000年当時は、「指定居宅サービス等の事業の人員、設備及び運営に関する基準（厚生省令第37号）」の基本方針において、グループホームについて、「要介護者であって痴呆の状態にあるもの（中略）について、共同生活住居（中略）において家庭的な環境の下で、入浴、排せつ、食事等の介護その他の日常生活の世話及び機能訓練を行うことにより、利用者がその有する能力に応自立した日常生活を営むことができるようにするものでなければならない」と定められていました。

　では、現在の「指定地域密着型サービスの事業の人員、設備及び運営に関する基準（厚生労働省令第34号）」はどうでしょう。「痴呆」から「認知症」に表現が変わっただけでなく、他にも大きな違いが見て取れます。

　まず、「家庭的な環境と地域住民との交流の下で」と変更されている点が挙げられます。介護保険が施行される前は、いわゆる老人ホームは郊外に建設されていることが多く、「収容」の意味合いが色濃くありました。グループホームに関しては、介護保険が始まった当初は認知度が低く、「家庭的環境」という点のみが着目されがちでした。2006年の介護保険制度改正によって、グループホームは地域密着型サービスに位置づけられ、地域というキーワードがより鮮明になってきました。

　このように、グループホームは「家庭的環境」と「地域住民との交流」がスター

グループホームの可能性とこれから **第2部**

トラインにある考え方なのだと再認識していくことを忘れてはなりません。

地域とは何を指すのか

　皆さんが考える「地域」とは何を指しますか。隣近所という狭いコミュニティはすぐ頭に浮かびます。また、町内会、学校区など普段の生活圏域も考えられるでしょう。グループホームにとっての地域は、このような範囲内で十分かもしれません。

　これに加え、市町村や地域包括支援センター、町内会・自治会組織、学校、民生委員、さらに、ボランティア団体や医療、介護の事業者や組織なども、地域の構成員という枠組みに含まれます。

　グループホームは、民家を改修したものや2階建てのアパートのような形が多く、小規模であること、地域に溶け込むことが意識されています。そのうえで、地域との良好な関係を構築するためには、自分たちのことを知ってもらう努力をしなければなりません。

　地域のなかには、「認知症になると何もわからなくなる」と考えている人が少なくありません。そうした誤解を解き、「グループホームは認知症の人が穏やかに暮らせる生活の場である」と知ってもらうことが大切です。

　認知症のことがわからなければ、不安を抱く人もいるのは当然です。正しく知ってもらえば、何かあったときに手を差し伸べてくれるかもしれません。認知症でもできることが多いと知ってもらえれば、認知症の理解が深まるでしょう。

地域を認知症ケアの舞台にする

　地域のなかで運営する以上、互助の精神が必要になります。地域の一員として地域を支えつつ、地域に助けられる場面もみられます。

　毎朝グループホームの前の道路を掃き掃除することは、地域貢献の一つです。この道路が通学路であれば、登下校する児童の見守りをしていることにもなりま

す。入居者の役割を創出するグループホームケアであるとともに、地域とのつながりを構築することにつながる取り組みといえます。

商店街などでは、夏場の熱中症対策として、住民が休める（涼める）ように、店の一部を開放しているところもあります。グループホームでもこのようなことを行えば、住民が気軽に立ち寄れる場になるとともに、在宅介護に関する相談所の役割を果たすことにもなります。認知症カフェに発展させることもできるかもしれません。

自分たちのメリットばかりを求めるのではなく、地域から求められる活動をすることが大切です。

防災拠点としての役割

グループホームの入居者である高齢者は災害弱者でもあります。グループホームが地域のなかで真価を問われるのは、災害などの緊急時かもしれません。

グループホームはBCP（業務継続計画）の作成や避難訓練が義務づけられており、災害等へのリスク軽減策や有事への対応は日々心がけています。そのなかでも、火災のように局所的に避難が必要な場合と、風水害や地震など地域の人たちも一斉に避難しなければならない場合では、対応が異なります。

グループホームで火災が発生し、避難を余儀なくされたら、私たちは助けを受ける側となります。このような場合は近隣住民の方に、待機場所への入居者の誘導や見守りなど、危険が及ばない程度の手助けをお願いすることはあり得ます。

一方、地震や豪雨災害での避難指示があった場合、グループホームは地域のなかでの避難拠点になり得ます。指定避難所まで辿り着けない地域の高齢者の一時的な安全確保に協力することや、市町村が指定する福祉避難所になることができます。町内会との防災協定を結ぶところまで発展し、定期の避難訓練に町内会や近隣住民にも参加をお願いできるような関係になれば、地域との

関係はより深まることになります。

新たな社会資源を創出する

　地域包括ケアシステムでは、多様な課題解決に向けて、自助・互助・共助・公助が密接に連携し取り組む必要があるとされています。グループホームケアという限られた視点で見ても、すべての要素を活用してケアを行っていることに気づくと思います。そのうえで、新たに生じる生活課題に対応するためには、協働することが必要です。

　グループホームはこれまでも、事業の情報公開や透明性の確保、運営推進会議において地域の代表を構成員として参加してもらうなど、介護保険制度内で先陣を切った新たな試みを行ってきました。

　サービス利用者だけでなく、家族や地域住民の目線で取り組むべきと思う活動が、やがて新たな介護サービスの礎になります。利用者や地域に求められる形で進める一歩が、確実に日本の法制度を変える原動力になります。

　これこそが日本の介護サービスの発展の仕方であり、それが可能な国であると信じて私たちは日々取り組みを継続していかなければなりません。これがこれからのグループホームに与えられた役割でもあるのです。

2 | 認知症カフェの取り組み

グループホームと認知症カフェ

　認知症カフェは、地域支援事業の中の認知症総合支援事業に位置づけられ、認知症地域支援推進員が企画調整を行うこととされています。一方、グループホームは地域密着型サービスで、介護保険の介護給付を行うサービスとして市町村が指定・監督を行います。地域支援事業は、給付サービスではないために、認知症カフェを行ったとしても報酬が発生するものではありません。では、グループホームが認知症カフェを行うことにはどのような意義があるのでしょうか。

　2019年に発表されたわが国の認知症施策の方向性を示した「認知症施策推進大綱」、そして2024年の「認知症施策推進基本計画」において、グループホームの役割は次のように書かれています。「地域における認知症ケアの拠点として、その機能を地域に展開し、共用型認知症対応型通所介護や認知症カフェ等の事業を積極的に行っていくことが期待される」。

　つまり、グループホームがもつ認知症ケアの知識や経験を地域に広く還元することに、大きな期待が寄せられているのです。また、グループホームで義務づけられている「運営推進会議」は、利用者、家族、地域住民そして近隣の関係する専門職で構成されることになっており、認知症カフェの対象者（認知症の人、家族、地域住民、専門職）と重なります。

　このことから、グループホームは認知症カフェとの親和性が高く、運営をするうえで効率的でもあります。そのため、グループホームが認知症カフェにかかわることにより、地域住民と連携しつつ、地域の認知症への理解を広めることができ、認知症に理解のある地域に変容させる大きな可能性を有しているといえます。

認知症カフェとは

認知症カフェは、1997年にオランダで始まった、アルツハイマーカフェがルーツです。その後、2012年の「認知症施策推進5か年計画（オレンジプラン）」で初めて日本に紹介され、2015年の「認知症施策推進総合戦略（新オレンジプラン）」によって、全市町村に設置するという数値目標が掲げられました。

こうした政策的な後押しもあり、現在設置数は全国で8,000か所を超えており、おおむねすべての市町村で開催されています。

認知症カフェの目的は、認知症について身近な場所で理解し合い、情報を共有・交換することで、認知症になっても安心して暮らせるまちづくりに貢献することです。そして、認知症の人や家族が早期に専門職や同じ境遇の人、あるいは地域住民と出会い、社会的な孤立や、診断直後の何もない期間、いわゆる「空白の期間」の解消に役立つことが期待されています。

ただ、その名称から認知症の人だけが集まる場所と誤解されがちでもあります。実際はすべての人を対象にした活動であり、認知症の人の地域での居場所づくりだけをしているわけではありません。認知症の人だけの集まりは、「本人ミーティング」などのセルフヘルプグループや、ピアサポートのことをいい、認知症カフェは地域に開く、ソーシャルサポートの醸成の場といえるでしょう。

だからこそ、認知症カフェは誰もが集いやすい公民館や公共施設、民間のカフェなどの身近な場所で開催することが望ましいのです。多くの人を受け入れるための敷居の低さを演出し、認知症の人も安心して集えるような工夫や配慮がなされた場所であることが大切です。

認知症カフェの実際

認知症カフェは、地域包括支援センターが主たる運営者となっている場合が多くみられます。その理由には、設置促進の後押しをする地域支援事業を担う機関であることも影響しています。介護施設・事業所が運営することもありますが、

多くの場合は地域包括支援センターや市町村担当課の協力のもとで運営がなされています。

時間は90〜120分、参加費は100〜200円としている場合が多く、無料のところもあります。コーヒーやお茶菓子（クッキーなど）が提供されており、リラックスした空間で出会いと学びをするということが基本的な内容になります。認知症カフェは営利を目的としていませんので、運営はボランティアとして行われます。

会場は、地域の公民館、公共施設、施設の地域交流スペースなどが活用されています。認知症カフェの内容はさまざまですが、カフェタイムを行い、途中で短時間のミニ講話などで情報提供を行うことがスタンダードな方法です。

とはいえ、実際の認知症カフェの運営方法をみると、レクリエーションをしたり、歌を歌ったり、認知症予防のプログラムなどを行うところも少なくありません。こうしたプログラムが中心になると、認知症の本人が参加することを躊躇したり、こうしたプログラムを好む人しか参加しなくなります。

また、高齢者サロンやミニデイサービスと同じような活動になり、認知症への偏見、診断直後の支援の場の不足といった、これまでの認知症に関する課題解消にはつながりません。ここは注意する必要があります。

ミニ講話の具体的な構成

認知症カフェの重要な役割は、地域の認知症の理解を深め、これまでの認知症観を払拭し、新しい認知症観へと転換していくことです。ただし、それぞれの人にある「何もできなくなる」「何もわからなくなる」という認知症への偏見を払拭するためには、相当な時間と努力が必要です。

認知症カフェでは、これをミニ講話という形で、何度も繰り返し伝えていく役割があります。そのことから、ミニ講話の展開はしっかりと検討する必要があります。オランダのアルツハイマーカフェを参考に基本的な流れを図6に示しました。

図6 認知症カフェの流れの例（120分の場合）

カフェタイムの間にミニ講話を挟み、そして最後に質疑応答の時間を設けるという方法です。ミニ講話は、進行役となるファシリテーターとの対話方式で行うことで、より関心もわき、認知症への理解が深まることが期待できます。途中でレクリエーションなどを入れてもよいですが、それがメインのプログラムにならないようにしましょう。

目的が何かを常に意識し、そのために必要なことを運営メンバーで確認しながら進める必要があります。図6は一例ですが、全体の時間配分を変えたり、年間のスケジュールのなかに参加者の要望に応える回をつくることも大切です。また、地域性に合わせて時間配分や内容をアレンジすることもできます。

認知症カフェの始め方と継続

グループホームで認知症カフェを始めるためには、図7の手順が必要です。

図7 認知症カフェ開催までのプロセス

矢吹知之『認知症カフェ読本－知りたいことがわかるQ&Aと実践事例－』中央法規出版、2016年を参考に作成

まず、発起人は、なぜ認知症カフェが必要なのか、そして何のために行い、誰のための活動なのかを深く理解し、それを地域に説明できなければなりません。

　その後、地域の理解者に対し説明を行い、新たな活動の立ち上げへの協力を依頼します。その際に、認知症カフェは、自身のグループホームのために行うのではなく、地域づくりのために行うという視点を大切にし、地域住民の方にも運営者として加わっていただけるようにはたらきかけましょう。それによって、認知症カフェの運営は安定し、地域からの理解も得られやすく、継続への足がかりになるのです。

　運営メンバーを集め、話し合いを行い、役割分担や年間計画、準備品などを決めます。その際にどのような規模で、どこで開催するかが明確になると、必要な資金、運営費など実務的な内容についても決定することができます。

　全体像が固まったら、講話の内容や講師を決め、チラシの作成に入ることができます。開催日と場所、内容が示されたチラシによって周知を始めましょう。

　そして、いよいよ開催になります。これらのプロセスには、必ず地域住民（民生委員や地区の行政委員の方）にも加わっていただくことを大切にしてください。なぜならば、認知症カフェは認知症の人を含めた共生社会をつくる礎になる活動だからです。可能であれば、認知症の人や家族にも加わっていただくと、よりよい運営チームができると思います。

グループホームの可能性とこれから　第2部

3 ｜ 認知症サポーター養成、チームオレンジ

認知症サポーターの誕生と今

　2004年に「痴呆」から「認知症」に用語変更となったのをきっかけに、翌2005年に厚生労働省が「認知症を知り地域をつくる10ヵ年」構想を打ち出しました（図8）。「認知症を理解し、支援する人（サポーター）が地域に数多く存在し、すべての町が認知症になっても安心して暮らせる地域になっている」ことが目指され、さまざまな取り組みが行われるようになりました。

　このキャンペーンの一つが2005年から始まった「認知症サポーター養成講座」です。認知症サポーターは、認知症について正しく理解し、認知症の人や家族を温かく見守り、支援する応援者であり、それぞれができる範囲で地域活動をすることが期待されました。

　その養成数は2009年度の段階で100万人を目指していましたが、大幅に予

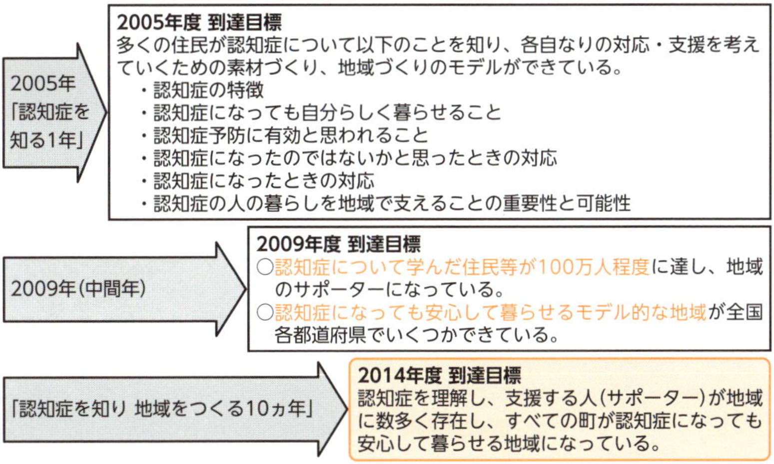

2005年「認知症を知る1年」

2005年度 到達目標
多くの住民が認知症について以下のことを知り、各自なりの対応・支援を考えていくための素材づくり、地域づくりのモデルができている。
・認知症の特徴
・認知症になっても自分らしく暮らせること
・認知症予防に有効と思われること
・認知症になったのではないかと思ったときの対応
・認知症になったときの対応
・認知症の人の暮らしを地域で支えることの重要性と可能性

2009年（中間年）

2009年度 到達目標
○認知症について学んだ住民等が100万人程度に達し、地域のサポーターになっている。
○認知症になっても安心して暮らせるモデル的な地域が全国各都道府県でいくつかできている。

「認知症を知り 地域をつくる10ヵ年」

2014年度 到達目標
認知症を理解し、支援する人（サポーター）が地域に数多く存在し、すべての町が認知症になっても安心して暮らせる地域になっている。

出典：厚生労働省

図8　「認知症を知り地域をつくる10ヵ年」の構想

定を上回る勢いで増え、1,534万8,496人（2024年3月31日、キャラバンメイト事務局発表）に達しています。認知症サポーターは、見守りや傾聴、オレンジカフェの企画・参加など、地域の特性やニーズに応じた活動をしています（図9）。近所に気になる人がいればさりげなく見守る、認知症になっても友人付き合いを続けていく、認知症の人と暮らす家族の話し相手になることなども、認知症の基本を学んだサポーターだからこそできる活動です。

　学校で認知症サポーター養成講座を受講した小中学生が、認知症の人が道に迷っている場面に遭遇したとき、大人に伝えて行方不明になるのを未然に防いだ例もあります。さらに、警察や消防、金融機関、スーパーマーケット・コンビニをはじめとする商店、交通機関など生活に密着した業種の人たちも多数、認知症サポーターとなっています。

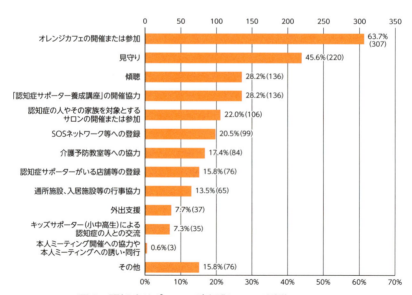

図9　認知症サポーターが実践している活動
（平成30年度・地域ケア政策ネットワーク調べ）

グループホームの可能性とこれから 第2部

チームオレンジによる地域のつながりを活かす取り組み

2019年度からは、認知症サポーターとしての活動をさらに一歩前進させた「チームオレンジ」が開始されています。チームオレンジは、認知症サポーターなどによるチームが、認知症の人や家族に対して早期から生活面の支援等を行う活動です。認知症の人もメンバーとしてチームに参加することが望まれます。

活動内容としては、外出支援、見守り・声かけ、話し相手、認知症の人の居宅へ出向く出前支援等があります。メンバーの誰もが楽しみながら役割を果たし、認知症の人が引きこもりがちな生活になることを未然に防ぐ取り組みです。「認知症施策推進大綱」（2019年6月18日）において、2025年までに全市町村での整備が目標として掲げられました。当然ですが、チームオレンジにグループホーム職員が参加でき、それによってチームの大きな助けにもなります。

チームオレンジ3つの基本

この取り組みに関しては、「3つの基本」として次の内容が示されています。

①ステップアップ講座修了及び予定のサポーターでチームが組まれている
②認知症の人もチームの一員として参加している（認知症の人の社会参加）
③認知症の人と家族の困りごとを早期から継続して支援ができる

「認知症の人を支える」という見方・考え方だけではなく、「誰もが安心して暮らすことのできる地域を育む」ということが目指されているのです。この取り組みを進めるために重要なことは、これまでに培われてきた人のつながりや、安心して過ごせる地域の居場所を活用していくことにあります。

たとえば、認知症カフェや高齢者が集うサロンなど、全国各地には人が出会う機会や場所が少なからずあると思います。それらを活かしていくことがとても大切です。

栃木県佐野市でのチームオレンジ活動

　私自身が取り組んだ栃木県佐野市のチームオレンジ活動も、前身は地域の元気な在宅介護経験者と社会福祉協議会が行っていた集いでした。

　時代の移り変わりから、私たちは認知症カフェ「まちなかサロン楽風カフェ」を立ち上げました。地域包括支援センターや認知症地域支援推進員などの応援を受けつつ、「楽しむ」「学ぶ」「相談できる」の三つのキーワードで、誰もが集える居場所として開始し、1日の参加者延べ人数は、平均40人でした。入居施設の人たちが、施設職員と一緒に参加することもありました。認知症の当事者はもとより、介護経験者、グループホームなどの専門職が協力して運営しています。

特別な場所にしない

　そこで、佐野市でのチームオレンジの活動は、認知症や認知症カフェを特別なもの、特別な場所にしないということを基本的な考え方として進めてきました。認知症予防というよりも、「脳が喜ぶことをしましょう」という「脳活教室」、消費生活センターや消防署の協力による救急法の講話など、日々の生活に役立つ話題や情報を提供できるように企画してきました。

　参加者は、その日聞いた情報が役立つことがわかると、口コミで広げてくれます。さらには、「実はね」と地域の気になる人や知り合いの相談を持ち寄ってくる人もいます。「こんなときにはどうしたらいいかね？」と自身が不安に感じていることを話せる場にもなっています。

　「お気軽に相談してください」と言われても、専門の相談機関にはなかなか行きにくいですが、地域のなじみの場に話しやすい専門職がいることで、なじみの関係となり、認知症の課題も含め地域の人が困っていることなどを早めに支援できるという予防的支援にもなりました。地域の人たちと専門職が融和する有機的なつながりが、地域生活を安心して営む応援になるのです。

グループホームの可能性とこれから 第2部

4 まちづくりへの参画

立場の違いによるズレ

　2007年の冬、認知症サポーター養成講座を小学校で開催することになり、その内容説明のために事前に小学校を訪問しました。私が説明した後、ある教員から、「子どもたちには、知らない人には声をかけないこと、声をかけられたら逃げることを指導しています。ですから、認知症の人がいても声をかけることはできません」という意見がありました。

　認知症サポーター養成講座では、認知症の人が外を歩いていたら、「やさしく見守り、声をかけましょう」と伝えます。一方で、教育側の立場からは、この先生のように考えるのが当然です。

　まちづくりは、高齢者だけでなく、誰もが安心して暮らせる地域にする必要があります。片方の思いだけが先行してしまうと、うまく進まないこともあります。それでも、共通点や重なる部分はあります。それは、相手を思いやる気持ち、相手のよいところ見つけること、皆で支えることなどです。

子どもとの交流を絶やさない

　お互いの立場や役割を理解し合うことが必要です。その意識をもって認知症サポーター養成講座を行い続けたところ、2008年から2023年の15年間で、約1500人の認知症サポーターを育成することができました。

　新型コロナウイルス感染症が流行する前の時期は、グループホームに子どもたちが年4回程度訪問し、利用者と過ごす時間を学校側が教育プログラムに組み込んでくれました。

　東日本大震災が発生した後も、学校行事が次々と自粛されていくなかで、学校側からの「子どもたちの思い出となる活動の一つとして継続したい」という

199

希望があり、サポーター養成講座とグループホーム訪問は継続することができました。

また、令和元年東日本台風でグループホームが水害に遭ったときは、学校側から、「グループホームの入居者さんに元気になってもらいたい」と掃除の手伝いに来てくれました。入居者のことを心配して、何らかの力になりたいという思いやりの心をもって、子どもが成長することは、安心して暮らせるまちづくり、さらには未来のまちづくりにつながっていくと思います。

認知症のイメージを変える

認知症の人への支援は、「尊厳の保持」「自立支援」といいながらも、以前は「保護」の方向に動いていた実状があったように思います。しかし、最近になってようやく、「ありのままを受け入れ、その人として生きることを支援する」という方向に地域が動き始めました。認知症の状態にあっても安心して暮らすことができる、誰にでも優しい社会を目指し、認知症カフェやネットワークなどさまざまな取り組みが行われ、その輪が少しずつ地域で広がっています。

認知症の人が「特別扱いしないでほしい」と発言しています。介護が必要な状態になると、それまで営んできた生活のスタイルが一変し、自信を失ってしまうことが多いように感じます。

だからこそ、認知症や障がいがあってもこれまでの経験を活かして、「社会に生きる」ための新たな取り組みが必要であり、「生きる力」を少しでも地域に示しながら理解の輪を広げることが必要ではないでしょうか。

「ハプニングラーメン」の取り組み

そこで、私たちが行ったのが「ハプニングラーメン」という取り組みです。これは、認知症や障がいをもつ人たちがラーメン店で接客を担うというものです。もしかすると、注文などを間違えるかもしれませんが、それを皆が受け入れ、一

緒に接客を楽しむという寛容な地域社会となることを目指して始まりました。

当法人を利用している利用者、認知症関連の介護事業所に店員の求人募集を行い、11名の本人が参加することになりました。仕事の役割は、接客業（テーブル案内、お冷や、メニュー注文受け、会計）が中心です。10時半に出勤し、14時半までの計4時間の労働となります。もちろん、働いた後にはお給料を支払い、働くことの喜びを感じてもらえるようにしました。

認知症の人への支援は、どうしても「できない部分を支援する」という視点になりがちです。しかし、「できないから」と取り上げてしまうのではなく、できないことを許容すれば、それによって小さなハプニングがあっても、他者との共生で、お互いの助け合いが自然に生まれて、普通の暮らしとして成り立つものです。

「ハプニングラーメン」で働く皆さんを見て、そのことを実感しました。おそらく、お客さんのなかには、「認知症になったら、何にもわからなくなる、何にもできなくなる」と思っていた人が多かったかもしれません。そんななかで、店員である認知症の人と接して、「認知症には見えないね」と口にしていました。

まさにこれが認知症の人への誤解だと思います。その誤解がなくなると、「ハプニング」が「ハッピー」になります。ハプニング（小さな出来事）があるから、そこで人と人がつながり、お互いを助け合う瞬間に出会うのだと思います。

ハプニングラーメンの様子

ハプニングの多さが、その人が生きていることを実感できるバロメーターになっていきます。ハプニングの数だけ人は元気になり、多くの人のつながりが生まれ、元気に暮らせるまちづくりにつながります。

グループホームにできること

　グループホームにできることはたくさんあります。地域のなかのさまざまな場面に登場することが、大きな力になってくるとも思います。グループホームができることを発信し、待っているのではなく、マッチングをしながら形を変えていくことが大切だと思います。

大変お世話になりました

橋本さんへ
　先日は、認知症について詳しくお教えいただき、ありがとうございました。そのお話のおかげで認知症のイメージが、がらっとかわりました。
　お話を聞く前は、いろいろなことを忘れてしまい、家族さえも知らない人になってしまう、重度の病気だと思っていました。しかし、お話を聞いたあと、少しもれてしまうだけで、まわりの人の手助けが少しあれば普通に生活できるということが分かり、また、今までの自分の考えがまちがえていたということも分かりました。
　さらに、すずらん日向に行ったときにはお年寄の方々とも楽しく交流することができ、大変よい経験となりました。
　ぼくたちは、この交流を通して、人はみな平等であり、どんな病気にかかろうと、だれもが同じように生活する権利があるんだということを学べました。また、正しい知識を得ることが、差別や偏見をなくすことにつながるのだということも知りました。
　このような機会をあたえてくださり、本当にありがとうございました。
　これからも、この経験を生かし生活していきたいと思います。

6年1組

小学生からの手紙

5 BCPによる自然災害や感染症への対応

BCP（事業継続計画）とは何か

BCPとは Business Continuity Plan の略称で、「事業継続計画」または「業務継続計画」などと訳されます。新型コロナウイルス等の感染症や大地震などの災害が発生すると、グループホームも通常通りに業務を遂行することが困難になります。まず、業務を中断させないように準備するとともに、中断した場合でも優先業務を実施するため、あらかじめ検討した方策を計画書としてまとめておきます。

BCPは、「平常時の対応」「緊急時の対応」の検討を通して、①事業活動レベルの落ち込みをできるだけ小さくし、②復旧に要する時間を短くすることを目的に作成された計画書です。介護施設等では災害が発生した場合、一般に「建物設備の損壊」「社会インフラの停止」「災害時対応業務の発生による人手不足」などにより、利用者へのサービス提供が困難になります。

一方、利用者の多くは日常生活・健康管理、さらには生命維持の大部分を介護施設等の提供するサービスに依存しており、サービス提供が困難になることは、利用者の生活・健康・生命の支障に直結します。こうしたことから、他業種よりも介護施設等はサービス提供の維持・継続の必要性が高く、災害発生時の対応について準備することが求められます。

BCP（業務継続計画）の定義

大地震等の自然災害、感染症のまん延、テロ等の事件、大事故、サプライチェーン（供給網）の途絶、突発的な経営環境の変化など不測の事態が発生しても、重要な事業を中断させない、または中断しても可能な限り短い期間で復旧させるための方針、体制、手順等を示した計画のことを事業継続計画又は業務継続計画と呼ぶ。

厚生労働省老健局「介護施設・事業所における自然災害発生時の業務継続ガイドライン」より抜粋

高齢者施設・事業所で作成が求められる主な防災計画等の関係性の整理

　高齢者施設・事業所には、防災に関する多くの計画の作成が求められています（図10）。非常災害対策計画と避難確保計画および消防計画は、一元化して策定することができます。さらには、それらをすべて内包した事業継続計画を一体的に策定することも可能です。

　いずれにせよ、各職員がわかりやすい方法が一番ですので、事業所の特性によって整備することが重要です。

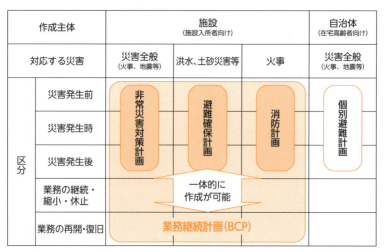

令和2年度老人保健事業推進費等補助金（老人保健健康増進等事業）「高齢者施設における非常災害対策の在り方に関する研究事業」報告書の第4章「高齢者施設・事業所における避難の実効性を高めるために─非常災害対策計画作成・見直しのための手引き─」をもとに作成

図10　災害計画関係のイメージ図

グループホームにおけるBCPの作成

　グループホームのBCPを作成するにあたり、最低限の記載が必要な内容は次のとおりです。まずは、BCPの目的や方針を明示し、被害想定を時系列に考えておく必要があります。対策や訓練では、いろいろな想定シナリオを場面に応じてつくっておくとよいでしょう。

次に、災害時対応業務については、①発災直後、②発災当日、③翌日〜3日後、④4日後以降に実施する業務について記載しておきます。被害想定によるので、大規模災害だともっと長くなりますが、初動対策からBCP発動後の計画まで網羅しておくと安心です。

職員に関しては、震災時緊急出勤の基準（参集基準）等を整備しておく必要があります。限られた人数で、介護の優先業務をいかに進めていくかが大きな課題です。

BCP策定の具体的な流れ

1　事業継続計画策定のためのアセスメント

事業継続方針を検討したうえで、ハザードマップ等から想定する緊急事態とその被害想定を行います。そのなかで、必要な業務の選定と重要な事業の優先順位を決め、目標復旧時間の決定を行います。

まずは、自事業所が耐震の建造物か否かを確認しておく必要があります。その場所で、業務を継続できるかどうかは重要で、使えなければ代替え施設を考えなければなりません。また、避難経路の選定と確認を常に行う必要があり、危険箇所や渋滞を避けられるように、複数の避難経路を確保しておきます。

2　事業継続のための対策の検討

重要な事業の継続や早期復旧のための対策を立案します。併せて、事業所の組織体制の整備も行います。トップがいないときの指示命令系統や連絡方法、また、家族や関係者との連絡体制を構築しておくことが重要です。電話だけでなく、メールやLINE、SNS等の活用も視野に入れておきましょう。

ここで重要なのは、地域住民や地域団体、自治体、他事業所との連携です。生活を継続するためにも、素早く復旧するためにも、相互に支援する体制と役割分担が鍵となってきます。特に、福祉避難所に指定されているグループホー

ムは、事前に自治体や関係機関、近隣町内会等と十分に協議し、協定や覚書などを締結しておくとよいでしょう。

3 事業所の事業継続計画書の作成、各種マニュアル・各種リストの作成

事業継続計画を自分の事業所に合ったものに文書化し、事業継続計画書の作成や各種マニュアル・各種リストの作成を行います。具体的には、Ａ：災害対応体制、Ｂ：職員等の確保、Ｃ：関係機関との連携、Ｄ：ライフラインの確保、Ｅ：備蓄品の整備、Ｆ：文書・書類の管理、Ｇ：教育・訓練などが挙げられます。

4 事業継続計画の管理方法の検討

事業継続計画の周知・研修・訓練の徹底、さらには、事業継続計画の点検・見直しも行えるようにします。さまざまな想定シナリオに基づいた図上訓練や、基準日を決めての点検・見直しも効果的です。

災害時におけるグループホームの使命と社会資源の活用

グループホームは小さな事業体なので、普段から地域団体や地域住民と顔の見える関係を築いておくことが、大災害時の相互支援や助け合いにつながります。さらに、近隣地域の災害拠点や防災拠点にもなる可能性があります。

また、大災害に遭遇し、施設が全壊したり半壊したりして事業の継続が危ぶまれる場合は、できるだけ早く施設の再建や事業を継続する旨の意思表示を行い、利用者や家族はもちろん、地域住民や職員の不安を払拭させなければなりません。目先の経営だけで事業の廃止を早々と決断することは、福祉を行う法人の理念である社会貢献の趣旨に反していると思います。BCPを作成する場合は、その地域における社会的使命も勘案し、適切な判断を行えるようにすることが肝要です。

また、利用者のために生活しやすい環境の確保と、職員のために働きやすい

環境の確保を、あらゆる手段を講じて行う必要があります。現場は手一杯の状況ですので、法人内外を問わず、フォーマル・インフォーマルも問わず、さまざまな社会資源の活用や開発を行い、人・物・金・情報を収集して速やかに対応することが大切です。そのためにも、平時から近隣地域と良好な関係を築き、全県的、全国的な連携システムを構築しておく必要があります。

新型コロナウイルス感染症対策のあり方

　自然災害と同様に、新型コロナウイルスなどの感染症対策も、介護事業所でのリスク管理の一つとなっています。特に、クラスター発生時に備えるためにも、BCPの策定は必須となります。

　令和2年～4年は、新型コロナウイルス感染症の猛威により、「緊急事態宣言」や「まん延防止等重点措置」等が発出されるたびに、社会生活や地域活動が停滞しました。また、家族の面会禁止や過剰な行動制限など利用者の人権は軽視され、権利擁護も不十分でした。

　介護現場では、検温や体調チェック、マスクの着用、手指消毒、換気の徹底、3密の回避、長時間・多人数での会議、行事、外出、面会等には十分に気をつけてきました。しかし、それでも多数のクラスターが発生し、利用者や家族、職員、事業所を大いに苦しめました。

　地域社会では、新型コロナウイルスに感染した人やその家族に対する嫌がらせ、集団感染した職場への脅迫、差別的な言動が相次ぎ、社会的なスティグマ（差別や偏見）が発生しました。私たちが憂慮するのは、感染を過度に恐れる心が人々の差別意識を生み出し、認知症の人とその家族が、「認知症による差別」と「新型コロナウイルス感染による差別」という二重のスティグマにさらされ、社会的な分断が生じたことです。

　自分は差別などしないと誰もが思っているかもしれません。しかし、これまでの事態をみると、差別しているのは、地域社会に住むごく普通の人たちです。

真に恐れるべき対象はウイルスであって、決して感染した人たちではありません。感染は他人事ではなく、誰もが感染者になり得ますので、他人ごとではなく自分事として捉える必要があります。

　これは認知症や自然災害についても同様のことがいえます。自分は認知症にならない、自施設は自然災害に遭わない、クラスターにはならないと思っています。しかし、なってからでは遅いのです。適切な予防対策等に力を入れ、発生した事業所への理解と相互支援体制を構築して、入居者や職員の生命と人権を守っていくことが重要です。

自然災害と新型コロナウイルス感染症による社会の分断から調和へ

　自然災害の猛威や新型コロナウイルス感染症のパンデミックによって、当初は分断や偏見、差別などがありました。しかし、これらの反省に基づいたうえで協調と調和に昇華させる力が人間にはあります。フェイクニュースや同調圧力に屈することなく、これまでの蓄積や経験、さらにはエビデンスに基づいた冷静な判断や対応が求められています。

　アフターコロナの今だからこそ、誰もが当事者意識をもち、ともに助け合って生きることのできる共生社会を体現していくことができるはずです。人の気持ちに寄り添った、自然災害やパンデミックなどに対応できる体制を事前に構築しておくことが、職員や利用者はもちろん、地域社会全体の安心・安全につながります。

　この10数年間は、さまざまな分断にさらされた時代ですが、私たちはさまざまな気づきを得た期間でもあります。この経験を無駄にすることなく、協調と調和のとれた寛容な社会の実現と、徹底した危機管理対策の構築が急がれます。

　また、感染症に関する認識も、自然災害に関する対応も、国や自治体の施策も含めて、ここ数年で大きく変わってきています。何とか作成したBCPも、新たな脅威や社会情勢に合わせて見直しを行い、ブラッシュアップしていかなければなりません。

グループホームの可能性とこれから 第2部

6 認知症伴走型支援事業

早期からの支援と関係づくり

　2021年、認知症の人や家族に対して、日常的・継続的な支援を提供するための拠点を整備する「認知症伴走型支援事業」（以下、伴走型支援）が創設されました。その大きな目的は、認知症初期からかかわることによって、早くから顔なじみの関係になり、本人や家族が安心して本音や悩みを言いやすくすることです。

支援の内容

①認知症の症状や課題が把握された早い時期から、認知症の人とその家族に相談支援を通じてかかわりを続ける。他機関とも連携を図り、認知症における生活課題を見つけ、少しでも過ごしやすくなる方法を一緒に考えていく

②認知症にかかわる人たちに、認知症ケアパスの普及活動をしながら、認知症になっても安心できる社会資源も含めた情報を提供する

③認知症の人が在宅生活を送る場合、認知症にかかる課題等は継続して発生するため、担当ケアマネジャー等からその認知症の人に係る相談等も一緒に考える

④認知症の人に係る地域包括支援センター、認知症地域支援推進員、担当ケアマネジャー、在宅介護の事業所や入居型の事業所、医療機関等とも連携をとるなかで、専門相談を受けながら一緒に考えていく

　認知症の人を支える「点」を増やすことが、その人の思いの実現につながります。しかし、地域包括ケアシステムのなかで、グループホームは認知症専門の事業所として認知症ケアパスの作成等にどれだけ協力できたかと問われると、あまり貢献はできなかったかもしれません。認知症の本人の思いに寄り添えるグ

ループホームの職員が、その場面に携っていないのは残念なことです。

自分の気持ちをうまく表現できない人でも

グループホームでは日々のケアをしっかりと行うとともに、在宅で暮らしている認知症の人・家族がたくさんいるという状況を知ることも大切です。

入居の申し込みをするまで、グループホームが本人や家族と接する機会はほとんどありません。介護に行き詰まったときの「最後の切り札」としてグループホームが選ばれることも少なくないと思います。

「伴走型相談支援事業」によって、早い段階で出会う機会ができれば、グループホームは本人・家族の支援に大きな役割を果たすことができます。グループホームの職員は、認知症の方との接し方に長けているからです。

ある相談者は、事業所から受け入れを拒否されてしまい、「家族だけで見ていくしかないのだろうか」と悲観的になっていました。相談を受け、本人と対面した後に、伴走型支援がスタートしました。難聴によりコミュニケーションがうまくとれず、怒りや戸惑いが生じて、周りを遠ざけてしまう言動がみられました。そして、周りから「対応が難しい認知症の人」だと見られていました。

グループホームの職員は、本人の言動に振り回されることなく、言葉、行動を観察しながら相手へ言葉を受け渡していると思います。その経験が、相手との距離を詰め、ゆっくりかかわることを続けました。

家族の思いも形にする

家族は、「うちの人は誰も受け入れないから大変だと思いますよ」と言っていましたが、回数を重ねながら、ゆっくり話すことによって、訪問することの抵抗感が少なくなり、受け入れてくれる場所まで近づくことができました。

その様子を見ていた家族は、「うちの人が、家族以外の人と楽しく話しているのを見ると、私もうれしくなる」と話してくれました。グループホームケアで普

通に行われている、家族も含めたケアの一つの形でした。そして、再度関係者と協力しながら、デイサービスの参加などにチャレンジしましたが、受け入れには至りませんでした。そのなかで、グループホームの機能の一つである共用型デイサービスを申請し、グループホームで受け入れられる体制をつくりました。

　受け入れ時、大きな声や不安を訴えることが強くありましたが、職員は驚くこともなく、本人の気持ちを受け入れながら過ごすので、本人も外出する機会として、共用型デイサービスに通うことができました。伴走型支援の一つの形が実現できた瞬間かもしれません。

その人の力が社会とつながる

　もう一つの事例は、「本人が外に行きたがらないので、何とか出かける方法を考えてほしい」という相談でした。本人にとっては、「家で暮らしたい」「家を空けることはできない」という強い思いがありますが、それによって家族の介護が苦しくなっている状況でした。これも、本人の暮らし方、生活の風景、その人が過ごす背景などをグループホームの職員が感じることによって、大切な本人の思いを受け継ぐことができると思います。

　この事例は、本人の社会性が途切れないように構築することが必要だと感じました。グループホームにはさまざまな人がいます。入居者に「どこにも行きたくないという人がいるんだけど、どうしたらいいか」と相談すると、「そんなの私が行けば大丈夫だ」との返事。そこで、家族の了承を得て、ケアマネジャーにも報告のうえ、自宅を訪問することにしました。

　入居者の方の力を借りることも、グループホームの大切な役割であり、そして自宅で暮らしている方も友達ができることの喜びを感じてもらえると思いました。入居者は、車に乗り込むときに「どこに行くんだっけ」と話していましたが、車を走らせていると、「手土産なしでは行けない」と相手を気遣う入居者のやさしさに触れることもできます。到着すると、手土産を手に、こたつで座る本人と楽

しく話を始めました。その姿を見ていた家族の方も、「うちの母も笑いながら話すことあるんだ」と眺めていました。

グループホームにおける伴走型支援は、ただ相談を受けるのではなく、その人の素敵な姿を周りに見せることができるということも、特徴の一つです。

初対面の後、お互いに発したのは「楽しかった」という言葉でした。そして、訪問してもらった本人が、今度はお菓子を相手に渡し、「また来てね」と言葉をかけます。伴走型支援を別の言い方で表現すれば、「新しい出会いの場所」であると感じます。

それを見ていた家族は、「うちの人にはまだあれだけ気遣いができるのか」と話していました。この事業を行ってなければ、もしかしたら出会えなかった景色だったかもしれません。

伴走者としての留意点

伴走型支援を行うことにより、グループホーム利用者以外の方とかかわりをもてることは、本人にとって大きな効果があります。ただ、在宅での認知症介護とグループホームでの認知症介護は、環境や置かれている状況が違い、同じようにはいかないことも多いのです。そのズレをこちら側が理解し、その在宅での暮らしに触れて考えて実践できることはケアの幅が広がり、視野が広がり、グループホームにとってはよい機会だと思います。

当たり前かもしれませんが、認知症の本人から、伴走者として私たちグループホーム職員が選ばれることも大切です。伴走者の呼吸やタイミング、向かっている視線の先が本人と同じでなければ、伴走というより、足を引っ張ることになり、伴走なしのほうが走りやすいと思われるかもしれません。

その意味では、支援・サポートというこちら側の視点ではなく、伴走者は本人が選ぶという視点が大切だと思います。そして、グループホーム職員も全員が、目の前にいる利用者の大切さと在宅で生活しているこれから出会うかもしれない人たちとの出会いも大切にしていかなければと思います。

7 | 今後のグループホームはどこに進めばよいか

共生社会とグループホーム

2023年6月1日、「共生社会の実現を推進するための認知症基本法」（以下、認知症基本法）が成立し、翌年1月に施行されました。

認知症基本法では、2025年には高齢者の5人に1人が認知症になるといわれるなか、いかに共生社会をつくっていくかが求められています。

私は、グループホーム構想の当初から、共利・共生・共助・共存の社会の構図が認知症介護には必要だと思っていました。入居者もその家族も、支える職員たちも地域の人たちも、グループホームにかかわるすべての人に、さまざまな利益がもたらされるために、ともに生き、ともに助け、他の事業者も含めて介護を提供する仲間たちが皆、ともに長く存在しうる社会をつくり出すのです。

私たちは、認知症基本法が描く共生社会を築く手段の一つとして、グループホームを通した認知症介護の成熟化を目指してきました。これこそ、これからのグループホームが進むべき道標ではないでしょうか。

言行一致

介護保険制度に位置づけられ、普及してきたグループホームは、四半世紀を迎えようとしています。私はことあるごとに、「根拠・方法論・介護の言語化・言行一致」という言葉を繰り返してきました。私たちに求められるのは、私たちが行う介護についての根拠を理解し、そこから方法論を導き出し、ケアとして結びつけ、それを言葉として利用者や家族の方々へ表現することです。そして、言葉と行動が一致していることです。

私たちは、認知症に対してケアをしているわけではないと言ってきましたが、誰よりも認知症を知る努力を怠るわけにはいきません。四大認知症と呼ばれる

疾患があり、それぞれの特徴や症状に応じたケア方法も展開されています。疾患別の特徴を知り、それを対象者の状況と照らし合わせて、やってみるのです。時には間違えるかもしれません。入居者を怒らせてしまうかもしれません。

その失敗の繰り返しが、明日の成功や未来の入居者へのケアにつながります。根拠を明らかにしたうえで、ケアを実践する。その積み重ねで信頼が得られるのです。

現在では認知症の本人が、自身のことを表現し、認知症であっても地域で普通に暮らせることを日本中に広めてくれています。ひと昔前に考えられていた「認知症になると何もできない」「わからない」というのは誤りであるという理解が浸透してきています。

今はすぐに情報が手に入ります。勉強になる情報も、反対に悪評も簡単に耳に入りやすい時代です。私たちも日々知識をアップデートしていかなければ、「グループホームなんて」と言われるかもしれません。そんなことにならないよう努力を惜しんではいけません。

選ばれる仕事をすること

現在は、グループホームにとどまらず、介護業界全体の問題として、業務負担の軽減、教育・研修の充実、介護人材の不足、IoTや介護ロボットの導入による業務効率化、職員の処遇改善などが求められています。

そのなかでも、公定価格で運営する介護保険事業では、容易に賃上げもできないという声が大勢です。仕事を選ぶうえで、賃金という待遇は大事な要素です。しかし、仕事を選ぶうえで賃金だけに着目しているわけではないと思います。それは、いかにその職種に恩恵を受けたのかという体験が大きく占めるのではないでしょうか。子どもの頃に警察官に助けられた。自分を最後まで信じてくれた学校の先生に憧れた。親の病気を治してくれた医師や看護師に感謝している。きっとそんな体験を積み上げ、自分もこうありたいと思い、職を選んでい

る人も多いと思います。

　では、介護においてはどうでしょう。これから職に就こうとする人は、まだ自分が介護を受ける状況ではないでしょうから、自らが直接恩恵を受けたり、憧れたりする体験をもつことはないかもしれません。ですから、自分の祖父母がグループホームに入居してこんなに元気になった。自宅にいたときは喧嘩ばかりだったのに、今はこんなに穏やかになって笑顔で迎えてくれる。こんなふうに思ってもらえれば、介護の恩恵や魅力に気づいてもらえるのでしょう。

　これを全国のグループホームで発信すれば、介護という職を選んでくれる人が1人でも増えるかもしれません。また、同時にいかに介護の仕事をあきらめないか、すなわち退職せずに続けてもらうかというのも人材確保の方策です。

ケアの理念と技術

　介護事業を継続できるか否かは、経営者の理念が大きくかかわってきます。私は常々日本の認知症介護の貧困は、理念のなさ、教育のなさ、環境のまずさと言ってきました。施設に介護理念や経営理念がなかったり、あったとしても現実とかけ離れていれば、入居者や家族、職員を傷つけてしまうことになります。

　また、立派な理念があっても、それが組織に浸透していなければ、何の価値もありません。経営者の理念に対する態度は働く職員は敏感に感じ取るものです。経営者も同時に職員から評価されているという自覚をもつことが、事業の安定につながるものと考えます。

　私は何をするにも「理念と技術」が必要だと信じ、行動してきたつもりです。介護保険制度が始まった当初から見れば、さまざまな環境の変化があります。これからは介護の時代といわれ、人材も多く集まったときとは違います。

振り返り、ともに成長する

　2000年当時を知る人は、グループホームが増えることは競争相手が増える

という捉え方もしていましたが、一方では仲間が増えることによって介護の市場全体の賑わいや活性化を感じていたと思います。これが、地域の認知症の人を助ける手段になると信じていたのです。しかし、介護報酬改定のたびに、新たに求められることが増え、思うようにはいかないと感じているのではないでしょうか。

これは介護業界全体の問題かもしれません。そんななかでも、頑張ろうと努力する経営者や職員は、希望を胸に抱くものです。一方、閉塞感に苛まれたり、怠けようとしたりする経営者や職員は、不満しか表わしません。

日々私たちは何らかの困難にぶつかっていると思います。すべてが順風満帆ではありません。そのようなときに、今、目の前にある不満に対し、自分が本気で力を注いだのだろうか。何かに責任を押し付けようとしてないだろうか。そこをぜひ振り返ってみてほしいのです。一方で、希望だけを胸に秘めていても仕方がありません。それが叶わないとなると、結局は不満としてくすぶり始めます。自分はどれだけ努力をしたか。それを振り返ることができれば、自らの自信と成長に、そして周りからの信頼につながるのです。

自分のため、チームのためにすべきこと

施設に話を戻せば、施設長を任されている人は、昨日今日の経験だけでそのような立場に立つことはないはずです。施設長もこれまでには介護教育や先輩達の指導を受けてきたはずです。しかし、人間はかつて体験した記憶の中の考え方にしがみついてしまい、年を重ねれば重ねるほど頑なになってしまいます。

何を残し、何を手放すのか。人間は誰もが自分の考えという荷物を背負って、悩みながら歩み続けます。自分の考えどおりにやろうとか、独りよがりの介護はつらい日々ではないでしょうか。

もし、みんな仲良く笑顔が絶えない施設にしたいのなら、介護はチームケアであることを考え、自分だけに都合が良いエゴをスッパリ捨てることが、人の上に

立つ立場の人間に求められます。

この仕事についた頃の純真さを取り戻し、指導・監督だけをする人ではなく、皆で一緒に歩いたらどうでしょう。介護現場も職員教育の場であっても、和やかで自然発生的に知恵が生まれるものです。

同時に一般の介護職もいかに、施設長やリーダー的立場の人をどう動かすかを考えてください。それを「ボスマネジメント」と呼びます。ボスマネジメントとは、簡単にいえば、「組織において部下（一般の介護職員）が上司（施設長）を仕事の目的達成のために動かすこと」です。あくまでも自分個人のためではなく、チームとしてチーム全体が仕事を進めやすいように上司を動かすことです。

認知症の人の笑顔のために

ただ、上司にあれをやってほしい、これをやってほしいというだけではダメです。共通の目標に向かって、上司の置かれている状況や想いも理解しつつ、上司をうまく巻き込みながら、介護における目標達成や課題解決に向かうものです。

そのような視点をもち、原点に返ることが、よりよい職場をつくり、同時に入居者の暮らしを安定させる近道なのではないでしょうか。

今一度、グループホームをつくったときの理念や情熱を思い出し、入居者や地域の認知症の人のためにできることに取り組んでもらいたいのです。これが、グループホームとしての歴史が長くなればなるほど、忘れてしまいがちなことかもしれません。

職員に笑顔がなければ、入居者の笑顔はありません。入居者の笑顔があれば、家族にも笑顔があふれるはずです。次の四半世紀に向かって、グループホームも社会を構成する一員として共存できるよう、そして認知症の人がいつまでも、住み慣れた地域の一員として暮らせることができるよう取り組み続けましょう。

Index

あ

アセスメント…44, 82, 110, 111, 122, 128, 138, 140, 152, 156, 169, 205
新しい認知症観…147, 192
アドバンス・ケア・プランニング…146
アドボケイト…151
アルツハイマー型認知症…64, 69, 123, 131, 150

い

意思決定支援…148, 151, 152
意欲低下…133, 134, 136

う

ヴァルツァ・ゴーデン…19, 30
運営推進会議…182, 183, 184, 185, 189, 190

え

エーデル改革…19
エレガンス…92, 94, 116, 117
エレガンス行為…92

お

オレンジカフェ…196
オレンジプラン…15, 191

か

介護拒否…79, 136, 137, 138
介護保険制度…15, 23, 47, 146, 186, 189, 213, 215
介護保険法…38
概日リズム…101, 103
回想法…84
回廊式…16
緩和ケア…46
介護技術…160, 168, 169, 180
外国人介護人材…166, 177, 178, 179, 180, 181
感染症…114, 199, 203, 207, 208
感染症対策…207

き

記憶障害…64, 65, 83, 122, 136
帰宅欲求…138, 139
教育的接近…34, 35
技能実習生…166, 180
共生社会…15, 19, 25, 147, 194, 208, 213
共生社会の実現を推進するための認知症基本法…147, 213
業務継続計画…188, 203, 204

く

グルーピング…33, 86
グループホームケアの基本理念…51, 158
グループリビング…22
呉秀三…12, 13, 26
空白の期間…191

け

傾聴…84, 131, 135, 139, 196
血管性認知症…64, 70
幻視…67, 68
現実見当識訓練…126
見当識障害…64, 65, 79, 80, 101, 122, 124, 125, 126, 140
研修計画…172, 173, 174, 175

こ

恍惚の人…14
高齢者三原則…15, 20, 21
高齢者虐待防止の推進…171

さ

サーカディアンリズム…101

索引

サービスホーム…31
残存能力の活性化…21

■■■■■■ し ■■■■■■

自己決定…21, 38, 43, 83
指示的接近…34, 35
自然統合…47, 52, 53, 158
私宅監置…12, 13, 26, 27
実行機能障害…64, 66, 80
社会交流…88
社会的孤立…133
視野狭窄…71
趣味活動…78, 88, 89, 90
常同行動…69
情動的記憶…78, 79
食事のケア…106
自立支援…98, 200
人生会議…146, 151
人生の最終段階における医療・ケアの
　決定プロセスに関するガイドライン…
　146
人的環境…99
指定居宅サービス等の事業の人員、設
　備及び運営に関する基準…186
指定地域密着型サービスの事業の人員
　等に関する基準…182
指定地域密着型介護予防サービスの事
　業の人員、設備及び運営並びに指定
　地域密着型介護予防サービスに係る
　介護予防のための効果的な支援の方
　法に関する基準…182
自然災害…203, 207, 208
心理的距離感…161
新オレンジプラン…15, 191
新型コロナウイルス感染症…199, 207,
　208
新人教育…160
身体拘束…13, 14, 23, 38, 48, 171,
　173, 175

人材不足…174, 178
人事考課…168, 169

■■■■■■ す ■■■■■■

睡眠障害…122, 123, 125
睡眠のケア…122
スウェーデン…15, 18, 19, 20, 21, 22,
　30, 31, 46
スタッフミーティング…164, 167
ストレスマネジメント…168
スピーチロック…48

■■■■■■ せ ■■■■■■

生活障害…37, 50, 84
生活の継続性…21
生活リズム…100, 101, 102, 103,
　104, 123, 124, 126, 127, 129,
　138, 140, 141
生活療法的ケア…34
清潔…62, 114, 115, 116, 117, 118,
　120, 126
精神衛生法…12, 13, 26
セルフヘルプグループ…191
セレモニー行為…91, 92
選択性注意機能…71
前頭側頭型認知症…64, 69

■■■■■■ そ ■■■■■■

早期覚醒…122, 123, 140
その場しのぎのケア…16

■■■■■■ た ■■■■■■

体内時計…101, 122, 123
代弁…111, 151, 153
対面構造…31, 32
宅老所…17, 18, 22
短期記憶…65, 83, 84, 136
多文化共生…181
多様性…135, 178

219

ち

地域共生…18
地域統合…47, 52, 53, 158
チームオレンジ…195, 197, 198
痴呆対応型老人共同生活援助事業…
　22, 47
痴呆性老人処遇技術研修事業…15
中核症状…64, 65, 78, 98
中途覚醒…102, 122, 123, 125, 126,
　140
昼夜逆転…101, 103, 123, 124, 140,
　141
長期記憶…65, 83, 84, 87
地域包括ケアシステム…189, 209
地域包括支援センター…59, 183, 185,
　187, 191, 192, 198, 209

つ

終の棲家…39, 45, 47, 51

て

手続き記憶…78, 83, 86, 87, 94, 144
デンマーク…15, 20, 21, 22
適正化の推進…171

と

特別養護老人ホーム…13, 15, 16, 26,
　27
ドラッグロック…48
特定技能…166, 177, 178, 179

な

ナーシングホーム…20, 31

に

入眠障害…122, 123, 140
入浴のケア…118
人間統合…47, 51, 53, 158
認知機能の変動…67

認知症基本法…15, 147, 213
認知症ケアの切り札…24, 82
認知症対応型老人共同生活援助事業…
　38
認知症の行動・心理症状…17, 58,
　64, 74
認知症カフェ…188, 190, 191, 192,
　193, 194, 197, 198, 200
認知症ケアパス…209
認知症サポーター…36, 195, 196,
　197, 199
認知症サポーター養成…36, 195, 196,
　199
認知症を知り地域をつくる10カ年…195
認知症介護基礎研修…172
認知症施策推進5か年計画…15, 191
認知症施策推進基本計画…190
認知症施策推進総合戦略…15, 191
認知症施策推進大綱…15, 190, 197
認知症総合支援事業…190
認知症地域支援推進員…190, 198,
　209
認知症伴走型支援事業…209

の

ノーマライゼーション…19, 20, 21, 39,
　47, 49, 51, 53
ノンレム睡眠…122

は

パーキンソニズム…67
パーソナルスペース…161
パーソン・センタード・ケア…110, 111
排泄のケア…110
函館あいの里…15, 18, 22, 23, 26,
　32, 40, 41, 42, 47
ハプニングラーメン…200, 201
反応…54, 71, 161, 162, 175, 176

索引

ひ

ピアサポート…191
被害妄想…130, 131
非言語的コミュニケーション…99, 129
避難拠点…188

ふ

ファミリーケア…22
フィジカルロック…48
福祉元年…14
物理的環境…98, 137
不眠症…140
プライエボーリ…21

へ

ベンクト・ニィリエ…19

ほ

法定研修…171, 172, 173, 174, 175

ま

マズローの欲求段階説…110
魔の3ロック…48

み

身だしなみ…101, 114, 115, 116, 117
看取り…39, 45, 121, 146, 147, 148,
    149, 150, 152, 153, 175
ミラーリング…81

も

妄想…69, 130, 131, 132, 133
黙視的接近…35, 130
モチベーション向上…168
モデリング…81, 83, 84, 107
モニタリング…152
もの盗られ妄想…130, 131

や

夜間のケア…126

ゆ

ユニットケア…22

り

理解判断力障害…64, 66
リラクゼーション…94, 95, 96

れ

レビー小体型認知症…64, 67, 69,
    125, 133
レム睡眠…67, 102, 122
レム睡眠行動障害…67, 68

ろ

老人医療費無償化…14, 15
老人福祉法…13, 15, 38
老人保健法…14, 15

数字

2015年の高齢者介護…15, 24

英字

ACP…146, 147, 151, 152
BCP…171, 188, 203, 204, 205,
    206, 207
EPA…177, 180
eラーニング…172
OJT…160, 164, 165, 166
RO…126, 129

おわりに

　2001年5月のこと。国として初めての体系的な認知症教育システムである「認知症介護指導者養成研修」の第1期生として、あなたは誰よりも早く認知症介護研究・研修仙台センターに来ていました。黒い服を纏い、大きな眼鏡をかけた厳格な外見の人物、それが林崎光弘氏でした。

　当時、わたしは研修指導員として着任したばかりで、林崎氏から認知症について学び、そしてグループホームの心得について指導を受けました。同様に受講者と夜遅くまで議論を重ねていました。その状況を見た当時の厚生労働省の担当課長が視察に訪れ、「ここはめだかの学校だね。誰が生徒で先生か」と、この研修のことを端的に表しました。混沌とした時代において、認知症ケアもグループホームも日本全体でまた発展途上にある状態だったのです。

　そして現在、地域密着型サービスであるグループホームは、新型コロナウイルス感染症などの影響により地域との交流が難しくなっている、人材不足から業務の効率化が求められている、入居者の要介護度が高くなっている、という状況に置かれています。だからこそ「グループホームケア」を再考する必要があったのです。こうした状況のなかでも、認知症の人の衣食住を徹底的に自分に置き換え、そしてその人の背景を探り、丁寧に寄り添っている人たちがいます。変わるべきものと変わってはいけないものがあるのです。

　2023年6月「共生社会の実現を推進するための認知症基本法」が可決されました。わたしは、その「共生社会」という響きに目新しさは感じませんでした。というのも、今から30年以上前、認知症グループホーム先駆者たちは「共

生社会」を提唱し、実践を始めていたからです。

　1991年、「函館あいの里」は本邦初の本格的な認知症グループホームとして誕生しました。この「初」という表現は、単に小規模な環境でのケアを意味するわけではありません。林崎氏が、北欧の実践から学んだ明確かつ確たる理念に基づく認知症ケアを「グループホームケア」という形で具現化したことを指しています。その理念は、「認知症の人を施設の一員としてではなく社会の一員としてケアをする」という共生社会の考え方です。

　当時は特異な「こだわり」とみなされたかもしれませんが、現在は当然のこととして社会全体に浸透しようとしています。グループホームでは、介護保険が整備される前、そしてパーソン・センタード・ケアが提唱される前から、この理念が指針となっていました。

　本書の執筆者は、その延長線上に位置する方々です。蓬田さんや武田さん、宮崎さん、加藤さん、住友さん。お一人おひとりの名前を挙げることは、書面の都合できませんが、どなたも強烈な個性と不動の哲学を持ち、今も変わらずグループホームケアに挑戦し続けています。本書の執筆者一覧と執筆頁をご覧いただくことで、紹介と感謝の意を表させていただきます。この不揃いな個性を理解し、完成までともに歩んでくれた中央法規出版の郡氏にも深く感謝申し上げます。

　そして、本書は、執筆者一同から次の世代への知識と実践のバトンでもあります。時代は変われども変わらない理念と哲学があります。そしてこの継承のバトンが、また次の人々に引き継がれ、さらにグループホームだけではなく認知症ケアに携わるすべてのケアスタッフへと広がり、最終的にはすべて

の認知症のご本人やご家族、そして地域全体影響を与えることを切に願っています。

　最後に、この書籍の共同執筆者である武田純子さんに深い感謝と追悼の意を表します。あなたの知恵と情熱は、本書に永遠に刻まれています。

2025年4月

矢吹知之

● 編著者紹介

林崎光弘 (はやしざき・みつひろ)

社会福祉法人 函館光智会 函館あいの里 理事長
一般社団法人北海道認知症グループホーム協会 名誉会長、南北海道グループホーム協会
会長。函館市内の総合病院で看護職として勤務。同病院の特別養護老人ホーム、老人保
健施設などの開設に携わった後に退職。1991年、日本で初めての認知症高齢者グループホー
ム「函館あいの里」を開設した。

小野寺英 (おのでら・あきら)

社会福祉法人函館光智会　法人本部事務長
専修大学商学部商業学科卒業。デイサービスセンター生活相談員として従事を始めた以降、
法人本部の立場からグループホーム等の法人運営事業全般に携わる。2019年より現職。
一般社団法人北海道認知症グループホーム協会　監事、函館市社会福祉総合相談センター
相談員、介護支援専門員。

矢吹知之 (やぶき・ともゆき)

高知県立大学 社会福祉学部 教授
東北福祉大学大学院、東北大学大学院教育情報学博士後期課程修了後、青森大学社会福
祉学部講師、東北福祉大学総合福祉学部准教授、認知症介護研究・研修仙台センター研
修部長を経て、現職。

● 執筆者一覧 （掲載順）

矢吹知之　　高知県立大学社会福祉学部 教授

　　　　　　　　　　　　　……… 第1章1、第2章1・2・5、第3章1、第5章2

林崎光弘　　社会福祉法人 函館光智会 函館あいの里 理事長

　　　　　　　　　　　　　……… 第1章2-①〜⑤・3-①②

小野寺英　　社会福祉法人 函館光智会 函館あいの里 法人本部事務長

　　　　　　　　　　　　　……… 第1章2-⑥・3-③④、第5章1、7

武田純子　　有限会社ライフアート 会長　　　　　……… 第2章3・4、第3章2

宮崎直人　　有限会社グッドライフ 代表取締役 ……… 第2章6-①、第4章1・2

蓬田隆子　　株式会社リブレ 代表取締役 ………………………… 第2章6-②〜⑩

大澤　薫　　有限会社花縁 代表取締役 ………………………… 第3章3、第4章4

平山美果　　有限会社四海堂 代表取締役 ………………………… 第3章4・8-①

高橋恵子　　有限会社せせらぎ 代表取締役 ……………………… 第3章5・8-③

住友幸子　　有限会社シャイニング 代表取締役 ………………………… 第3章6

中山厚志　　有限会社青い鳥 グループホームひよし 施設長 ………………… 第3章7

加藤和也　　特定非営利活動法人NPO社会福祉振興会 理事長

　　　　　　　　　　　　　……… 第3章8-②、第4章6

今田絵理子　社会福祉法人博安会 グループホームなごみ 副管理者 ……… 第3章8-④⑤

原山幸子　　医療法人悠紀会 住宅型有料老人ホーム しいの木の里 ホーム長

　　　　　　　　　　　　　……… 第3章8-⑥⑦

吉田　恵　　北海道認知症介護指導者 …………………………………… 第4章3

林田貴久　　社会福祉法人恵仁会 法人統括本部長 ………………… 第3章9、第4章5

下山明子　　社会福祉法人熊本菊寿会 グループホーム大和 管理者 ………… 第4章7

永島　徹　　特定非営利活動法人風の詩 代表 …………………………… 第5章3

橋本好博　　特定非営利活動法人豊心会 副理事長 ……………………… 第5章4・6

佐々木薫　　公益社団法人日本認知症グループホーム協会 常務理事 ………… 第5章5

認知症の人とともに歩む
グループホームケアの理念と実践

2025年4月1日　発行

編著者　林崎光弘・小野寺英・矢吹知之
発行者　荘村明彦
発行所　中央法規出版株式会社
　　　　〒110-0016　東京都台東区台東 3 -29- 1 中央法規ビル
　　　　Tel 03-6387-3196
　　　　https://www.chuohoki.co.jp/

印刷・製本　　　　日経印刷株式会社
装丁・本文デザイン　日経印刷株式会社
本文イラスト　　　早川乃梨子

定価はカバーに表示してあります。
ISBN978-4-8243-0246-5

本書のコピー、スキャン、デジタル化等の無断複製は、著作権法上での例外を除き禁じられています。
また、本書を代行業者等の第三者に依頼してコピー、スキャン、デジタル化することは、たとえ個人
や家庭内での利用であっても著作権法違反です。
落丁本・乱丁本はお取り替えいたします。
本書の内容に関するご質問については、下記URLから「お問い合わせフォーム」にご入力いただき
ますようお願いいたします。
https://www.chuohoki.co.jp/contact/

A246